COMMENTAIRE

DE LA LOI

SUR LES RÉCIDIVISTES

PUBLICATIONS DES LOIS NOUVELLES

COMMENTAIRE

DE LA LOI

SUR LES RÉCIDIVISTES

PAR

M. TOURNADE

DOCTEUR EN DROIT

SUBSTITUT DU PROCUREUR DE LA RÉPUBLIQUE, A VALENCE

avec une préface de

M. GERVILLE-RÉACHE

Député, Rapporteur de la loi à la Chambre

PRIX : **3** FR. **50**

PARIS

MARCHAL, BILLARD ET Cⁱᵉ, ÉDITEURS

LIBRAIRES DE LA COUR DE CASSATION

27, Place Dauphine

—

1885

COMMENTAIRE

DE LA LOI

SUR LES RÉCIDIVISTES

DU 27 MAI 1885.

PRÉFACE

Mon cher Tournade,

Tu me demandes un mot de préface pour le commentaire que tu dois publier sur la loi contre les Récidivistes ; je te l'envoie avec plaisir. Mais laisse-moi te dire que la chose la plus difficile au monde est de faire une loi sous le régime parlementaire. Les projets des commissions ne sont que le résultat d'une série de transactions entre des idées et des doctrines qui diffèrent ; partant, bien souvent ils manquent d'unité, heureux encore quand les amendements présentés au cours des discussions publiques ne viennent pas troubler davantage l'harmonie de leurs dispositions.

Ceux qui suivent leur unique conception ont donc beau jeu pour attaquer les projets les plus consciencieusement élaborés par les commissions des chambres. Ne manque pas, je te prie, de tenir compte de cette observation dans tes critiques.

La transportation a été expérimentée depuis longtemps et chez beaucoup de peuples, dans l'antiquité et dans les temps modernes. C'est une peine efficace. La loi de 1854 prouve qu'elle a considérablement diminué en France la grande criminalité. C'est une peine qui ne manque ni d'équité ni de justice.

Comment admettre qu'à l'époque où nous vivons, des assemblées républicaines s'associeraient à une mesure entachée de cruauté comme on a osé le dire ? Les récidivistes sont peu estimables, mais la République sait ce qu'elle leur doit, parce qu'ils sont hommes.

En les frappant, en les empêchant de nuire, en protégeant contre eux leurs victimes, — dignes aussi de pitié, ne l'oublions pas ! — elle l'a fait avec mesure, avec humanité, et en leur offrant, dans le châtiment, le moyen de se relever et de renaître à la vie sociale.

L'application de la loi sera extrêmement difficile et demandera beaucoup de compétence ; mais si la relégation est bien comprise, habilement dirigée, elle produira des résultats multiples. Elle pourra à la fois protéger la France contre les malfaiteurs, transformer beaucoup de ces hommes souillés de crimes en travailleurs utiles, et créer des colonies prospères là où nous n'avons aujourd'hui que des terres improductives.

Bon succès, mon cher ami !

G. GERVILLE-RÉACHE,

Avocat à la cour d'appel de Paris,
député.

PREMIÈRE PARTIE

PROLÉGOMÈNES

I. Historique. — La peine de la relégation a son origine incontestable dans la pratique largement suivie de tout temps d'exiler les individus dont la présence dans un Etat paraît une cause de trouble ou de scandale, soit au point de vue politique, soit au point de vue moral. Nous trouvons dans toutes les législations anciennes la peine de l'exil ou du bannissement; tantôt elle était prononcée par la loi elle-même comme punition de certains délits; tantôt c'était un droit pour l'accusé de se soustraire par l'exil volontaire au jugement dont l'issue lui paraissait incertaine. On conçoit que les législations primitives n'aient pu entrevoir la nécessité d'organiser, pour ainsi dire, la peine de l'exil : cette organisation suppose en effet certaines notions de droit international et par suite un état de civilisation déjà fort avancé. A une époque où tout étranger était un ennemi, on se souciait assez peu de rejeter chez ses voisins les citoyens jugés incommodes à l'intérieur de l'Etat ; on ne croyait pas, en le faisant, violer le droit de ses voisins, et de fait on ne le violait pas, car le droit de refuser de recevoir les malfaiteurs expulsés d'un Etat étranger ne peut appartenir qu'à une société constituée en Etat, ayant non seulement la cohésion qui fait la tribu, mais encore l'organisation des services publics qui fait la souveraineté d'un peuple sur son territoire.

Plus tard on rencontre à Rome sous le nom de *deportatio* et de *relegatio* une institution qui se rapproche beaucoup plus de la déportation moderne, et qui prend une place régulière dans la législation sous Auguste. L'Empire romain, maître du monde, ne pouvait plus connaître d'exil à l'extérieur ; la vieille interdiction de l'eau et du feu devait donc faire place à un véritable exil à l'intérieur, c'est-à-dire à une assignation de résidence ; cette peine, très analogue à la fois à notre déportation et à notre surveillance de la haute police, était prononcée par la loi pour des délits de droit commun, et appliquée aussi sans contrôle par le pouvoir supérieur contre des citoyens que la raison d'Etat obligeait d'éloigner et de surveiller. La déportation était perpétuelle et emportait confiscation des biens et mort civile ; au contraire, la même peine sous le nom de relégation devenait temporaire et n'entraînait pas les mêmes conséquences civiles et pécuniaires.

Les tribus germaniques ont connu le bannissement; il a été constamment appliqué à l'époque féodale. Toutefois il paraît avoir été considéré comme une mesure politique plutôt que comme une peine de droit commun. Avec le développement de la civilisation dans l'ancienne France, nous retrouvons, comme à Rome, une sorte de déportation à l'intérieur, dans le pouvoir reconnu au roi d'ordonner aux seigneurs de se retirer dans tel ou tel de leurs domaines et de n'en pas sortir. Sans aller jusqu'à dire qu'il y eût dans cette mesure l'application d'une législation criminelle régulière on doit cependant reconnaître que cette assignation de résidence a bien le caractère d'une peine politique, appliquée, il est vrai, sans motifs officiellement donnés, mais par un juge compétent en cette matière.

C'est vers les derniers temps de la monarchie française que naquit, sous l'influence des préoccupations économiques et philosophiques de l'époque, une idée qui ne se traduisit pas tout d'abord par des mesures législatives, mais qui devait avoir dans un avenir prochain une influence sérieuse ; c'est l'idée que la déportation doit être à la fois considérée comme une peine et comme un élément de colonisation; c'est là une idée nouvelle et qui nous est attestée pour la première fois par les déportations administratives de femmes ordonnées par le Régent et exécutées malheureusement avec une inintelligence et une incurie qui firent mettre en doute ce que la mesure pouvait avoir d'utile.

C'est en 1791 qu'apparaît pour la première fois l'idée d'une déportation appliquée régulièrement aux condamnés de droit commun, et appliquée de manière à seconder l'œuvre du développement colonial. La Révolution connut en effet deux sortes de déportations: la déportation politique, mesure violente appliquée dès 1790 aux prêtres réfractaires et généralisée pendant toute la période révolutionnaire contre un grand nombre de citoyens (au début les prêtres insermentés furent déportés à la Guyane ; les textes postérieurs relatifs à la même déportation ordonnent de conduire les déportés « à la côte d'Afrique » ; et la déportation légale, contre les condamnés de droit commun (lois du 25 septembre 1791, du 24 vendémiaire an II et du 11 brumaire an II). C'est donc de cette époque que date en France la véritable notion moderne de la déportation, c'est-à-dire l'internement, non plus sur un point de territoire continental, mais dans une colonie ou plutôt sur un territoire à *coloniser*, de condamnés d'une certaine catégorie. La loi du 25 septembre 1791 (Code Pénal ancien) prononçait la déportation à vie contre les malfaiteurs qui « ayant été repris de justice pour crime, viendraient à être convaincus d'un nouvel attentat. » Le législateur de l'an II, s'inspirant de la même idée, mais résolu à pratiquer la déportation d'une manière plus large et plus efficace, étend aux mendiants et aux vagabonds d'habitude les dispositions de la loi de 1791, s'assurant ainsi d'un nombre considérable d'individus, dont beaucoup, plus malheureux que vicieux, pouvaient devenir des colons utiles à la métropole ; la loi du 11 brumaire an II, complétant celle de vendémiaire, fixe comme lieu de déportation « la partie sud-est de l'île de Madagascar, lieu dit ci-devant Fort-Dauphin. »

Ces lois restèrent malheureusement à l'état de lettre morte, et furent, peu d'années après, abrogées par la loi du 23 floréal an X. Le Code pénal ne laissa subsister la déportation que contre les condamnés politiques. On conçoit qu'en matière de crimes politiques un gouvernement puisse ne pas être suffisamment rassuré par le bannissement des coupables dont les menées hors du territoire peuvent être dangereuses ; mais il est, d'autre part, illusoire de vouloir coloniser avec des individus dont le seul espoir et le seul but est nécessairement le retour dans la patrie, et qui sont d'ailleurs presque toujours certains que les événements politiques ou la générosité de leurs ennemis les y ramèneront. Du reste, depuis 1810 jusqu'en 1848, la peine désormais exclusivement politique de la déportation ne fut pas mise à exécution, faute de détermination du lieu où elle serait subie ; la loi du 16 juin 1850 vint combler cette lacune.

C'est seulement en 1854 que les idées de la Constituante et de la Convention reprirent quelque créance et furent appliquées, avec une extrême timidité, il est vrai. Il est bon de noter que des expériences concluantes avaient cependant été faites à côté de nous ; pendant une période de moins de 80 ans (la colonisation pénale en Australie a commencé le 26 janvier 1788 et a pris fin en 1867), l'Angleterre a pu créer de toutes pièces un pays qui compte aujourd'hui près de 3,000,000 d'habitants. Ces résultats admirables ne sont évidemment pas dus à l'élément pénal seul, mais il y a contribué dans une large mesure, ne serait-ce qu'en sollicitant l'élément libre assuré de trouver en Australie dans le travail et dans les besoins des libérés l'emploi et la rémunération de ses capitaux.

Les dispositions fondamentales de la loi du 30 mai 1854 sont les articles 1 et 6 qui décident que désormais la peine de travaux forcés sera subie sur le territoire de possessions françaises autres que l'Algérie, et que tout condamné à 8 ans de travaux forcés ou plus, sera tenu de résider dans la colonie pendant toute sa vie. Malgré la mauvaise application de cette loi, les résultats en furent assez bons pour frapper l'attention, en même temps que les progrès croissants de la criminalité favorisée par un régime pénitentiaire arriéré provoquaient un violent mouvement de l'opinion publique en France en faveur de la transportation des condamnés. C'est de ce mouvement qu'est sortie la loi dont nous allons examiner l'élaboration.

II. Travaux préparatoires. — La Chambre des députés fut saisie successivement en 1881 et 1882 de quatre propositions de loi sur les récidivistes : la première, de M. Jullien (1er décembre 1881), la seconde, de M. Thomson (spéciale aux récidivistes algériens), la troisième, de MM. Waldeck-Rousseau et Martin-Feuillée (16 févr. 1882), la quatrième (projet de loi), déposée au nom du Gouvernement le 11 novembre 1882, par M. Fallières, ministre de l'intérieur et M. Devès, garde des sceaux. Tous ces documents, inspirés par la même idée, ne diffèrent que par les détails. M. Jullien organisait une relégation toujours facultative et temporaire, tandis que les autres projets la rendaient obligatoire et perpétuelle ; en revanche le nombre et la gravité des délits exigés pour la relégation étaient, dans le projet de M. Jullien, moins considérables que dans les autres. Le projet du Gouvernement, comme celui de MM. Waldeck-Rousseau et Martin-Feuillée, supprimait la surveillance de la haute police et l'interdiction de séjour par mesure administrative.

Ces divers projets furent d'abord rapportés par M. Waldeck-Rousseau, puis par M. Gerville-Réache (17 mars 1883). La discussion s'ouvrit à la chambre des députés le 21 avril 1883 ; dès cette époque, le texte adopté par la commission et soumis au parlement, contenait à peu de chose près les mêmes idées qui passèrent plus tard dans la rédaction définitive de la loi, et si sur un certain nombre de points la discussion fut vive, elle n'amena aucune modification importante quant aux principes, mais seulement des remaniements de pure forme ou de détail. Les points qui furent les plus contestés au Sénat comme à la Chambre furent, indépendamment du principe même de la loi, le caractère obligatoire de la relégation et la détermination des lieux où elle devait s'effectuer ; un grand nombre de partisans de la loi auraient voulu laisser au juge la faculté de prononcer ou de ne pas prononcer la relégation, selon les circonstances et le degré d'incorrigibilité qu'il reconnaîtrait au condamné ; MM. Floquet, Jullien, à la Chambre, MM. Labiche et Léon Renault, au Sénat, soutinrent éloquemment cette opinion et rallièrent une importante minorité.

La loi sortit de la première délibération de la chambre (21 avril - 8 mai 1883) avec un texte à peu près identique à celui de la commission ; la relégation avait le caractère obligatoire, les lieux de relégation étaient limitativement déterminés, les délits politiques étaient soigneusement exclus des catégories de délits entraînant la relégation, et même sur l'initiative de M. Gatineau on avait également exclu tous les crimes et délits connexes à des crimes ou délits politiques ; l'interdiction de séjour par mesure administrative et la surveillance de la haute police étaient supprimées. Enfin une nouvelle définition du vagabondage était substituée à celle de l'article 270 du Code pénal. Ce dernier point donna lieu, lors de la seconde délibération, à une discussion extrêmement confuse, et la modification proposée par la commission fut finalement repoussée. Les mêmes questions qui avaient surgi lors de la première délibération furent d'ailleurs agitées de nouveau lors de la seconde, mais le projet de la commission n'en sortit pas moins victorieux (21-29 juin 1883), et aucun changement important n'est à signaler en dehors de celui que nous venons d'indiquer et d'une modification relative à la surveillance de la haute police, qui, au lieu d'être purement et simplement supprimée, fut transformée en une interdiction d'accès de séjour dans le département de la Seine.

La discussion très sérieuse qui eut lieu au Sénat après deux rapports de M. de Verninac amena trois modifications : l'énumération des lieux de relégation fut supprimée, le régime des relégués contint, sous certaines conditions, l'obligation au travail, enfin un nouveau délit fut créé, défini et puni des peines du vagabondage. Nous aurons l'occasion de revenir ultérieurement avec détail sur toutes ces questions. La première délibération au Sénat eut lieu du 18 au 25 octobre 1884, et la seconde du 6 au 13 février 1885.

Enfin la chambre des députés, sur un nouveau rapport de M. Gerville-Réache, adopta le texte actuel de la loi tel que le Sénat l'avait établi et rendit ainsi la loi définitive (7-12 mai 1885).

DEUXIÈME PARTIE

TEXTE ANALYSÉ

Art. 1er

1. En quoi consiste la relégation. — La relégation consistera dans l'internement perpétuel sur le territoire de colonies ou possessions françaises, des condamnés que la présente loi a pour objet d'éloigner de France.

2. Lieu dans lequel elle s'effectuera. — Pouvoir chargé de le déterminer. — Régime applicable aux relégués. — Seront déterminés, par décrets rendus en forme de réglement d'administration publique, les lieux dans lesquels pourra s'effectuer la relégation, les mesures d'ordre et de surveillance auxquelles les relégués pourront être soumis par nécessité de sécurité publique, et les conditions dans lesquelles il sera pourvu à leur subsistance, aux obligations du travail à défaut de moyens d'existence dûment constatés.

Art. 2.

1. Tribunaux compétents pour prononcer la relégation. — La relégation ne sera prononcée que par les cours et tribunaux ordinaires, —

Condamnations dont ces tribunaux doivent tenir compte. — Comme conséquence des condamnations encourues devant eux, —

2. Tribunaux qui ne peuvent pas prononcer la relégation. — A l'exclusion de toutes juridictions spéciales et exceptionnelles.

3. Condamnations dont les tribunaux peuvent tenir compte sans y être obligés. — Ces cours et tribunaux pourront toutefois tenir compte des condamnations prononcées par les tribunaux militaires et maritimes en dehors de l'état de siège ou de guerre, pour les crimes ou délits de droit commun spécifiés à la présente loi.

Art. 3.

1. Condamnations dont les tribunaux ne doivent jamais tenir compte. — Les condamnations pour crimes ou délits politiques ou pour crimes ou délits qui leur sont connexes ne seront, en aucun cas, comptées pour la relégation.

Art. 4.

1. Prescription de dix ans en matière de relégation. — Seront relégués les récidivistes, qui, dans quelque ordre que ce soit et dans un intervalle de 10 ans, non compris la durée de toute peine subie, auront encouru les condamnations énumérées à l'un des paragraphes suivants :

2. Condamnations à des peines criminelles emportant relégation quelles que soient la durée de la peine et la nature de l'infraction.

1° Deux condamnations aux travaux forcés ou à la réclusion, sans qu'il soit dérogé aux dispositions des paragraphes 1 et 2 de l'article 6 de la loi du 30 mai 1854 ;

2° Une des condamnations énoncées au paragraphe précédent et deux condamnations, soit à l'emprisonnement pour faits qualifiés crimes, soit à plus de trois mois d'emprisonnement pour :

3. Enumération limitative des délits pouvant entraîner la relégation : — Vol ; — escroquerie ; — abus de confiance ; — outrage public à la pudeur ; — excitation habituelle des mineurs à la débauche ; — vagabondage ou mendicité par application des articles 277 et 279 du Code pénal ;

4. Cas dans lesquels la relégation est encourue alors même que le coupable n'aurait subi que des peines correctionnelles. — 3° Quatre condamnations, soit à l'emprisonnement pour faits qualifiés crimes, soit à plus de trois mois d'emprisonnement pour les délits spécifiés au paragraphe 2 ci-dessus ;

4° Sept condamnations dont deux au moins prévues par les deux paragraphes précédents.

5. Adjonction, sous certaines conditions, de deux autres délits à l'énumération qui précède. — Et les autres, soit pour vagabondage, soit pour infraction à l'interdiction de résidence signifiée par application de l'article 19 de la présente loi, à la condition que deux de ces autres condamnations soient à plus de trois mois d'emprisonnement.

6. Création d'un nouveau délit assimilé au vagabondage. — Sont considérés comme gens sans aveu et seront punis des peines édictées contre le vagabondage tous individus qui, soit qu'ils aient ou non un domicile certain, ne tirent habituellement leur subsistance que du fait de pratiquer ou faciliter sur la voie publique l'exercice de jeux illicites, ou la prostitution d'autrui sur la voie publique.

Art. 5.

1. La grâce de la peine principale ne dispense pas de la relégation. — Les condamnations qui auront fait l'objet de grâce, commutation ou réduction de peine seront néanmoins comptées en vue de la relégation.

2. Effet de la réhabilitation sur la relégation. — Ne le seront pas celles qui auront été effacées par la réhabilitation.

Art. 6.

1. Condamnés dispensés de la relégation à raison de leur âge. — La relégation n'est pas applicable aux individus qui seront âgés de plus de 60 ans ou de moins de 21 ans à l'expiration de leur peine.

2. Cette dispense n'est pas absolue en ce qui concerne les mineurs. — Toutefois les condamnations encourues par le mineur de 21 ans compteront en vue de la relégation, s'il est, après avoir atteint cet âge, condamné dans les conditions prévues par la présente loi.

Art. 7.

1. Situation des relégués au point de vue militaire. — Les condamnés qui auront encouru la relégation resteront soumis à toutes les obligations qui pourraient leur incomber en vertu des lois sur le recrutement de l'armée.

Un réglement d'administration publique déterminera dans quelles conditions ils accompliront ces obligations.

Art. 8.

1. Peines accessoires substituées à la relégation pour les vieillards et les mineurs. Interdiction de séjour. — Celui qui aurait encouru la relégation par application de l'article 4 de la présente loi, s'il n'avait pas dépassé 60 ans, sera, après l'expiration de sa peine, soumis à perpétuité à l'interdiction de séjour édictée par l'article 19 ci-après.

2. Détention dans une maison de correction. — S'il est mineur de 21 ans, il sera, après l'expiration de sa peine, retenu dans une maison de correction jusqu'à sa majorité.

Art. 9.

1. Effet rétroactif de la loi. — Les condamnations encourues antérieurement à la promulgation de la présente loi seront comptées en vue de la relégation, conformément aux précédentes dispositions.

2. Limitation de cet effet rétroactif. — Néanmoins, tout individu qui aura encouru avant cette époque des condamnations pouvant entraîner dès maintenant la relégation, n'y sera soumis qu'en cas de condamnation nouvelle dans les conditions ci-dessus prescrites.

Art. 10.

1. Obligation pour le juge de prononcer la relégation. — Le jugement ou l'arrêt prononcera la relégation —

2. Moment où elle doit être prononcée. — En même temps que la peine principale.

3. Enonciations que doit contenir le jugement. — Il visera expressément les condamnations antérieures par suite desquelles elle sera applicable.

Art. 11.

1. Procédure correctionnelle à l'égard des individus exposés à la relégation. — Lorsqu'une poursuite devant le tribunal correctionnel sera de nature à entraîner l'application de la relégation, il ne pourra jamais être procédé dans les formes édictées par la loi du 20 mai 1863 sur les flagrants délits.

2. Nécessité de la désignation d'un défenseur. — Un défenseur sera nommé d'office au prévenu à peine de nullité.

Art. 12.

1. Epoque à laquelle la relégation doit être appliquée. — La relégation ne sera appliquée qu'à l'expiration de la dernière peine à subir par le condamné.

2. Faculté laissée au Gouvernement de devancer cette époque. — Toutefois, faculté est laissée au Gouvernement de devancer cette époque pour opérer le transfèrement du relégué.

Il pourra également lui faire subir tout ou partie de la dernière peine dans un pénitencier.

3. Faculté laissée au Gouvernement de retarder le transfèrement. — Ces pénitenciers pourront servir de dépôt pour les libérés qui y seront maintenus jusqu'au plus prochain départ pour le lieu de relégation.

Art. 13.

1. Suspension momentanée de la relégation; pouvoir compétent pour l'autoriser. — Le relégué pourra momentanément sortir du territoire de relégation en vertu d'une autorisation spéciale de l'autorité supérieure locale.

Le Ministre seul pourra donner cette autorisation pour plus de six mois ou la réitérer.

Il pourra seul aussi autoriser, à titre exceptionnel et pour six mois au plus, le relégué, à rentrer en France.

Art. 14.

1. Pénalités contre les relégués coupables d'évasion. — Le relégué qui, à partir de l'expiration de sa peine, se sera rendu coupable d'évasion, celui qui, sans autorisation, sera rentré en France ou aura quitté le territoire de relégation, celui qui aura outrepassé le temps fixé par l'autorisation, sera traduit devant le tribunal correctionnel du lieu de son arrestation ou devant celui du lieu de relégation et, après reconnaissance de son identité, sera puni d'un emprisonnement de 2 ans au plus.

En cas de récidive, cette peine pourra être portée à 5 ans.

Elle sera subie sur le territoire des lieux de relégation.

Art. 15.

1. La grâce peut s'appliquer à la relégation ; condition requise en pareil cas. — En cas de grâce, le condamné à la relégation ne pourra en être dispensé que par une disposition spéciale des lettres de grâce.

Cette dispense par voie de grâce pourra d'ailleurs intervenir même après l'expiration de la peine principale.

Art. 16.

1. La relégation peut prendre fin après 6 années. — Le relégué pourra, à partir de la sixième année de sa libération, introduire devant le tribunal de la localité, une demande tendant à se faire relever de la relégation,

2. Justifications que doit fournir en ce cas le relégué. — En justifiant de sa bonne conduite, de services rendus à la colonisation, et de moyens d'existence.

Les formes et les conditions de cette demande seront déterminées par le réglement d'administration publique prévu par l'article 18 ci-après.

Art. 17.

1. **Faculté pour le gouvernement de relever les relégués de certaines déchéances civiles.** — Le gouvernement pourra accorder aux relégués l'exercice, sur les territoires de relégation, de tout ou partie des droits civils dont ils auraient été privés par l'effet des condamnations encourues.

Art. 18.

1. **Détails d'exécution laissés au pouvoir exécutif.** — Des réglements d'administration publique détermineront :

2. **Situation des relégués au point de vue militaire.** — Les conditions dans lesquelles les relégués accompliront les obligations militaires auxquelles ils pourraient être soumis par les lois sur le recrutement de l'armée ;

3. **Organisation des pénitenciers.** — L'organisation des pénitenciers mentionnés en l'article 12 ;

4. **Dispenses de relégation pour maladie.** — Les conditions dans lesquelles le condamné pourra être dispensé provisoirement ou définitivement de la relégation pour cause d'infirmité ou de maladie ;

5. **Mesures de charité.** — Les mesures d'aide et d'assistance en faveur des relégués ou de leur famille ;

6. **Concessions de terrains et mesures civiles ou financières s'y rattachant.** — Les conditions auxquelles des concessions de terrains provisoires ou définitives pourront leur être accordées, les avances à faire, s'il y a lieu, pour le premier établissement, le mode de remboursement de ces avances, l'étendue des droits de l'époux survivant, des héritiers ou des tiers intéressés sur les terrains concédés et les facilités qui pourraient être données à la famille des relégués pour les rejoindre ;

7. **Mesures d'ordre sur les lieux de relégation et obligation des relégués au travail.** — Les conditions des engagements de travail à exiger des relégués ; le régime et la discipline des établissements ou chantiers où ceux qui n'auraient ni moyen d'existence ni engagement seront astreints au travail ;

Et en général toutes les mesures nécessaires à assurer l'exécution de la présente loi.

8. **Délai donné au pouvoir exécutif.** — Le premier réglement destiné à organiser l'application de la présente loi sera promulgué dans un délai de 6 mois au plus à dater de sa promulgation.

Art. 19.

1. **Abrogation de la loi du 9 juillet 1852.** — Est abrogée la loi du 9 juillet 1852, concernant l'interdiction par voie administrative, du séjour du département de la Seine, et des communes formant l'agglomération lyonnaise.

2. **Suppression de la surveillance de la haute police.** — La peine de la surveillance de la haute police est supprimée.

3. Création d'une nouvelle peine substituée à la surveillance. — Elle est remplacée par la défense faite au condamné de paraître dans les lieux dont l'interdiction lui sera signifiée par le Gouvernement avant sa libération.

4. Cette peine consistera uniquement dans une interdiction de séjour. — Toutes les autres obligations et formalités imposées par l'article 44 du Code Pénal sont supprimées à partir de la promulgation de la présente loi,

5. Le Gouvernement conserve dans un seul cas exceptionnel le droit d'assigner une résidence. — Sans qu'il soit toutefois dérogé aux dispositions de l'article 635 du Code d'instruction criminelle.

6. La nouvelle peine de l'interdiction de séjour sera appliquée identiquement dans les mêmes cas que la surveillance. — Restent en conséquence applicables pour cette interdiction, les dispositions antérieures qui réglaient l'application ou la durée, ainsi que la remise ou la suppression de la surveillance de la haute police et les peines encourues par les contrevenants, conformément à l'article 45 du Code Pénal.

7. Délai donné au Gouvernement pour substituer une peine à l'autre. — Dans les trois mois qui suivront la promulgation de la présente loi, le Gouvernement signifiera aux condamnés actuellement soumis à la surveillance de la haute police les lieux dans lesquels il leur sera interdit de paraître pendant le temps qui restait à courir de cette peine.

Art. 20.

1. Etendue d'application de la loi. — La présente loi est applicable à l'Algérie et aux colonies.

2. Exception à l'article 2 concernant la compétence des tribunaux. — En Algérie, par dérogation à l'article 2, les conseils de guerre prononceront la relégation contre les indigènes des territoires de commandement qui auront encouru, pour crimes ou délits de droit commun, les condamnations prévues par l'article 4 ci-dessus.

Art. 21

1. Exception au principe général que les lois sont exécutoires par leur promulgation. — La présente loi sera exécutoire à partir de la promulgation du réglement d'administration publique, mentionné au dernier paragraphe de l'article 18.

Art. 22

1. Obligation pour le Gouvernement de rendre compte de l'application de la loi. — Un rapport sur l'exécution de la présente loi sera présenté chaque année, par le ministre compétent, à M. le Président de la République.

Art. 23

1. Abrogation des dispositions antérieures. — Toutes dispositions antérieures sont abrogées en ce qu'elles ont de contraire à la présente loi.

TROISIÈME PARTIE

EXPLICATION

I. CARACTÈRE DE LA PEINE DE LA RELÉGATION (article 1).

1. Définition de la relégation. — Le premier rapport présenté au Parlement sur les diverses propositions de loi dont il était saisi, relatives aux malfaiteurs d'habitude (rapport Waldeck-Rousseau), définissait ainsi la nouvelle peine qui allait être établie : c'est une peine accessoire, non politique, perpétuelle et obligatoire. On s'est demandé à ce sujet et on a demandé au rapporteur quel serait le rang que prendrait la relégation dans l'échelle des peines des articles 6 et suivants du Code pénal. On a même prétendu tirer de là un argument contre la loi sous le prétexte que si on range la relégation sous les articles 7 et 8, on fait prononcer par les tribunaux correctionnels une peine criminelle. Cette question nous semble oiseuse ; la relégation étant une peine non prévue par le Code pénal, et d'un genre tout spécial, il n'est pas extraordinaire qu'elle ne rentre pas dans les divisions créées par le Code ; ces divisions n'ont rien de sacramentel et ne lient pas le législateur. Mentionnons cependant la réponse faite à cette question par le rapporteur de la loi qui estime que la relégation doit prendre rang à l'article 8 avant le bannissement. L'article 1 de la loi ajoute qu'elle consistera dans l'internement perpétuel sur le territoire des colonies ou possessions françaises, de certains condamnés. C'est là le côté qui nous intéresse et nous nous attacherons tout d'abord à cette définition par la loi elle-même.

Ce texte de l'article 1 § 1 est exactement celui que la Chambre des députés avait voté primitivement ; le Sénat y revint, après l'avoir abandonné lors de la première délibération ; le texte du paragraphe correspondant qui avait été adopté entre temps est celui-ci : « Les récidivistes, malfaiteurs d'habitude qui auront encouru les condamnations spécifiées à l'article 4 de la présente loi seront, à l'expiration de leur peine, relégués à perpétuité sur le territoire »... et on remarquera qu'entre ces deux rédactions presque identiques il y a cependant une légère différence : le mot internement qui figure dans le texte devenu définitif ne figure pas dans le projet voté en première lecture par le Sénat. Il est essentiel à ce sujet de faire connaître par quelles phases a passé la volonté du législateur qui a très sensiblement varié pendant l'élaboration de la loi sur la question du régime à appliquer aux relégués.

2. Système de la Chambre. — Liberté des relégués. — L'intention de la Chambre des députés, malgré le mot d'internement que contenait le projet, a toujours été de laisser le relégué absolument libre sur le territoire de relégation. C'est pour bien affirmer cette intention que M. de Lanessan demandait à la Chambre dans la séance du 1er mai 1883 de remplacer le mot « internement » par ceux de « résidence obligatoire ». M. Marcou proposait ceux de « séjour obligatoire », et la commission déclarait par l'organe de son rapporteur ne pas s'opposer à cette modification ; il est vrai que la modification ne fut pas faite, mais d'autre part les partisans de la relégation étaient tellement unanimes dans l'idée que le régime des relégués devait être la liberté absolue, que l'on ne voulut pas accepter, pour la désignation même de la peine le mot de transportation qui se trouvait dans le projet de la commission et que l'on y substitua d'un commun accord celui de relégation, afin d'éviter tout ce qui, même dans les mots, pouvait impliquer un rapprochement entre le régime des travaux forcés et le régime qu'on allait créer et définir. M. Thomson, parlant au nom de la commission, dans la séance du 28 juin 1883, s'exprimait en ces termes : « Le régime des relégués sera le droit commun ; les relégués dans les colonies seront soumis aux juridictions ordinaires ; le statut colonial leur sera appliqué. Leur situation sera celle de libérés en France, auxquels il serait interdit de quitter une certaine région... La certitude que ce régime de liberté leur sera appliqué résulte non-seulement des déclarations répétées des auteurs du projet, du ministre de l'intérieur, du rapporteur et du président de la commission, mais elle résulte aussi du texte même du projet de loi.

«En effet, la loi dit que la peine de relégation sera l'internement perpétuel, c'est-à-dire le séjour perpétuel sur le territoire des colonies, des condamnés que la présente loi a pour objet d'éloigner de France. Voilà l'objet de la loi. Voilà le résultat que vous voulez obtenir, l'éloignement de la métropole et le maintien dans une colonie d'un certain nombre de malfaiteurs que vous jugez particulièrement dangereux. Vous n'allez pas au-delà : à la condition qu'ils demeurent rélegués sur le territoire d'une colonie, ces condamnés ont payé leur dette à la société et vous n'avez le droit de leur demander rien de plus. Voilà ce que fait la loi et aucun réglement d'administration publique ne pourrait, en l'absence d'un texte, modifier et aggraver la situation des relégués. » Du reste, lors de la première délibération, M. Waldeck-Rousseau, ministre de l'Intérieur, avait fait dans le même sens une importante déclaration dont il n'est pas inutile de reproduire les termes. M. Lorois se déclarait effrayé par certaines dispositions de l'article 20 (article 18 actuel), qui, cependant à cette époque ne prévoyait pas comme aujourd'hui l'obligation au travail, et demandait l'adoption d'un amendement ainsi conçu : « Les relégués jouiront de leur liberté entière dans toute l'étendue de la colonie dans laquelle ils seront relégués. » M. le ministre de l'Intérieur lui fit, dans la séance du 9 mai 1883, la réponse suivante : « Je veux simplement faire remarquer à la Chambre que la disposition additionnelle proposée par M. Lorois est absolument inutile. Il n'est pas besoin d'un texte de loi pour déclarer que les hommes sont naturellement libres ; il faudrait pour qu'il en fût autrement, qu'il y eût dans le projet de loi en discussion une disposition portant qu'après l'expiration de leur peine les récidivistes pourront être assujettis à un emprisonnement. Or, le texte de loi dit positivement le contraire dans son article 14.

« On y lit en effet qu'après l'expiration de la peine les condamnés de certaines catégories seront relégués ; ce qui implique nécessairement qu'ayant fait leur peine, ils ne sauraient être astreints à une servitude qu'ils n'ont pas encourue... M. Lorois semble dire : puisque la liberté doit être le droit commun des transportés, aussitôt qu'ils auront atteint la colonie, pourquoi vous préoccuper des établissements dans lesquels ils pourront être placés.. ? Lorsqu'un récidiviste est transporté, il est libre du moment où il touche le sol de la colonie, et s'il a des ressources personnelles suffisantes, ou s'il croit pouvoir compter sur son initiative personnelle, s'il veut louer son travail à des particuliers, il peut très bien ne pas s'adresser à l'Etat. Mais nous devons prévoir l'hypothèse contraire, c'est-à-dire les cas où il viendra dire à l'Etat : provisoirement, pendant quelque temps, placez-moi dans les établissements que vous avez construits ; ou bien : donnez-moi des terres, des instruments de travail. Et c'est à cet ordre d'idées que répond l'article 20 ; les dispositions qu'il renferme sont en faveur du relégué ; elles n'impliquent à aucun degré l'idée d'internement. Quand on fait une loi pénale, je le répète, il n'y a pas à dire que ceux qui ne sont astreints à aucune peine seront libres, cela est l'évidence ; il ne peut y avoir de pénalités qu'autant qu'elles sont inscrites dans la loi, et du moment qu'il n'est pas dit que le relégué ne sera pas libre, il est incontestable que c'est la liberté qui est son droit. »

Le Sénat, lors de la première délibération, adopta cette manière de voir, et pour bien affirmer qu'il partageait absolument l'avis exprimé par le ministre et par la commission, il alla jusqu'à supprimer dans l'article 1 le mot d'internement qui cependant, après les explications données, ne pouvait plus passer pour l'indice d'un régime contraire à la liberté.

3. Conséquences du système de la Chambre. — Il convient d'examiner en fait quelle aurait été la situation du relégué si la loi avait conservé le caractère que la Chambre et la première délibération du Sénat lui avaient imprimé. Il y avait à cette loi deux interprétations possibles. Le relégué avait le droit de ne rien demander au Gouvernement, d'aller, de venir où bon lui semblerait, mais, d'autre part le Gouvernement n'avait pas le droit, si le relégué s'adressait à lui, de lui refuser du travail ; en effet le nombre des habitants de la Guyane n'étant pas de 25,000, pour un territoire grand comme le quart de la France, on ne peut prétendre que le relégué puisse trouver à s'y employer aussi facilement qu'en France : il faut des capitaux pour rémunérer la main d'œuvre, et la Guyane n'en a pas suffisamment ; il faut donc qu'à la population de la colonie se substitue un entrepreneur assez riche pour occuper tous les bras qui s'offrent à lui : cet entrepreneur ne peut être que l'État ; le droit au travail qui appartient évidemment au relégué par cela seul que la société le place en dehors des conditions normales de l'offre et de la demande impose à l'Etat le devoir de se faire entrepreneur.

Cette obligation n'a pas été contestée, le Gouvernement l'a lui-même revendiquée. Donc, d'une part, obligation pour le Gouvernement de nourrir et de loger les relégués, et d'autre part, faculté, mais non obligation, pour le relégué d'accepter le travail offert.

Dès lors il était facile de prévoir ce qui aurait pu arriver si la loi avait été appliquée telle qu'elle était sortie de la première délibération du Sénat. On aurait vu se reproduire pour les relégués ce qui se produit actuellement pour les libérés des travaux forcés : des hommes nourris, logés, vêtus aux frais de l'État et refusant tout travail ; de véritables pensionnaires dont le cynisme n'a pas de limites et dont l'unique occupation — ce sont là des faits de notoriété publique — consiste à narguer les malheureux soldats travaillant sous le soleil, moins bien nourris qu'eux et réduits à courber la tête sous les sarcasmes des criminels !

Ce n'est évidemment pas là ce que la Chambre et le Sénat avaient voulu ; mais aurait-il pu en être autrement même avec le texte ancien du projet de loi et ce texte comportait-il une autre application ? Nous le pensons. S'il est vrai, en effet, que le Gouvernement soit moralement obligé de fournir du travail aux relégués, cette obligation n'est pas sans limites ; le Gouvernement a le droit, comme tout industriel, d'établir des réglements d'atelier auxquels ses ouvriers doivent se soumettre ; il a le droit, comme tout patron, de congédier les ouvriers paresseux ou indisciplinés. On objecte que le relégué chassé comme incorrigible des chantiers de l'État et ne trouvant pas de travail ailleurs retombera le lendemain comme vagabond sous la main de l'Etat qui devra alors le mettre en prison et continuer à ce titre à l'entretenir. Nous répondons que si le Gouvernement a le droit en vertu du Code pénal de saisir et d'emprisonner les vagabonds il n'y est pas nécessairement obligé ; qu'au besoin d'ailleurs une disposition spéciale de la loi pourrait l'en dispenser ; qu'ainsi le relégué aurait pu être, en vertu de la loi, telle que la Chambre l'avait votée, mis en demeure d'accepter le travail de l'Etat, aux conditions imposées par l'Etat, et de travailler d'une manière effective et utile, ou de renoncer à toute espèce de secours, d'être rejeté en dehors de la société, dût-il en résulter pour lui l'obligation de s'enfoncer dans l'intérieur des terres et de vivre de chasse ou de pêche en véritable sauvage : cette alternative aurait fait réfléchir les plus paresseux, ceux mêmes contre lesquels la prison ne peut rien, et si elle avait constitué pour quelques-uns une peine cruelle, ils n'auraient cependant pu s'en prendre qu'à eux-mêmes. La seule difficulté pratique consistait à garantir la population honnête contre les entreprises de ces criminels retournés à l'État de sauvagerie, et il ne semble pas que cette difficulté fût insoluble ni qu'il fût impossible d'établir à cet effet une zône militaire, quand on songe aux 100,000 kilomètres carrés de la Guyane et à ses 23,000 habitants dont la moitié réside à Cayenne.

4. Abandon de ce système. Obligation du travail pour les relégués. — Quoi qu'il en soit, entre les deux délibérations du Sénat se produisirent des faits qui amenèrent un revirement complet dans l'esprit du législateur et entraînèrent à donner à la relégation un caractère absolument différent de celui qu'elle avait au début ; ce sont les réclamations des habitants des colonies et le très-remarquable rapport de M. Chessé, gouverneur de la Guyane. Les habitants des colonies ont peut-être prévu la seconde interprétation de la loi que nous venons d'indiquer ; n'eussent-ils prévu que la première, on comprend qu'ils se soient émus de la perspective d'avoir au milieu d'eux une tourbe envahissante et dangereuse ; toutefois il est permis de croire que leur émotion a été un peu exagérée par les adversaires de la loi. Quant à M. Chessé, il paraît n'avoir vu ou considéré comme possible que la première interprétation, les relégués libres refusant de travailler, nourris aux frais de l'Etat, donnant le spectacle scandaleux que donnent aujourd'hui les libérés à la Nouvelle-Calédonie et à la Guyane. Il faut convenir que M. Chessé a non-seulement fait ressortir avec une rare vigueur ce que ce régime a de déplorable, mais encore qu'il a proposé pour y remédier tout un système susceptible de donner d'excellents résultats, à la condition d'être pratiqué dans son ensemble sans en rien omettre avec un grand esprit de suite et aussi avec un discernement et un souci de la colonisation que l'administration française n'a pas toujours montrés.

C'est ce système qu'a définitivement adopté le Parlement et qui résulte de la disposition finale de l'article 1 : « Seront déterminées par décrets... les conditions dans lesquelles il sera pourvu à leur subsistance (des relégués) avec obligation du travail à défaut de moyens d'existence dûment constatés. » Il faut donc mettre absolument de côté le langage tenu à la Chambre et au Sénat lors de la première délibération ; nous voici dans un ordre d'idées absolument différent ; notons toutefois que cette différence n'est peut-être pas au fond aussi radicale qu'elle le paraît au premier abord en ce sens que même avec le premier projet on aboutissait indirectement si on le voulait au travail forcé : le récidiviste emprisonné comme vagabond eût bien été astreint au travail ; mais outre que c'eût été méconnaître l'esprit du législateur, cette obligation au travail serait intervenue dans des conditions différentes de celles que prévoit aujourd'hui la loi.

Il ne faut pas se dissimuler que la peine ainsi définie ne diffère pas beaucoup des travaux forcés tels qu'ils s'exécutent actuellement, et qu'elle peut donner raison si elle est mal appliquée à la prédiction de l'un des adversaires de la loi, M. Georges Périer, qui s'écriait, s'adressant aux partisans de la liberté du relégué : « Vous ferez des bagnes transatlantiques. » Toute la question est de savoir comment la loi sera appliquée. M. Chessé a proposé tout un plan d'organisation dont le principe, parfaitement logique, consiste à revenir, pour les condamnés aux travaux forcés à la définition légale de la loi de 1854 : ils seront employés aux travaux les plus pénibles de la colonisation. » De cette façon, outre que les travaux forcés cesseraient d'être un attrait pour beaucoup de criminels, on pourrait employer des relégués à des travaux moins durs, ce qui laisserait entre la peine de la relégation et celle des travaux forcés une gradation sans laquelle la loi serait souverainement injuste et cruelle. De plus, M. Chessé demande que le travail du relégué soit organisé de façon à lui laisser deux jours de repos par semaine et plusieurs heures par jour. Il est évident que si la relégation est appliquée dans ces termes, l'obligation du travail ne constituera pas pour le relégué une peine comparable à celle des travaux forcés ; mais il faut que l'administration pénitentiaire comprenne toutes ces nuances et ne préfère pas suivre la seule voie qu'elle connaisse. Déjà sur un point pourtant très important, le Sénat, qui s'est visiblement inspiré du rapport de M. Chessé, n'a pas cru pouvoir le suivre : M. Chessé demandait avec instance « qu'on écrivît dans la loi elle-même, afin de faire cesser toute équivoque, que les relégués qui seront à la charge de l'Etat seront astreints au travail sur les chantiers de l'Etat et *soumis à la discipline, à la subordination et à juridiction militaires.* » Or on a bien inscrit dans l'article 1 l'obligation au travail, mais en ce qui concerne la discipline on s'est borné à écrire dans le même article : « Seront déterminées par décrets... les mesures d'ordre et de surveillance auxquelles les relégués pourront être soumis par nécessité de sécurité publique », et dans l'article 18 : » Des réglements d'administration détermineront... le régime et la discipline des établissements ou chantiers où ceux qui n'auraient ni moyen d'existence ni engagement seront astreints au travail. » Il est de toute évidence que ces termes ne permettent pas de distraire les relégués de leur juges naturels ni de leur appliquer la discipline militaire ; tout au plus permettent-ils l'application des peines disciplinaires prévues par le décret du 18 juin 1880, article 11, dont la plus faible est le retranchement de vin ou de tafia, et la plus forte le cachot. Nous ignorons si le peu d'efficacité de ces peines provient des peines elles-mêmes ou de la manière dont elles sont appliquées, mais si l'on veut savoir quelle somme de travail on arrive à faire produire par les condamnés sous ce régime, on se peut se rapporter à la note de M. Chessé annexée au rapport supplémentaire de M. de Verninac (Sénat 15 décembre 1884) : « Les habitants de la colonie préférent employer à peu près exclusivement les condamnés en cours de peine (plutôt que les libérés) : contre eux au moins, on a la rentrée au pénitentiaire et les quelques peines disciplinaires qui peuvent encore frapper le condamné. Et encore est-on à leur merci plus qu'ils ne sont à votre service ; ils savent qu'ils vous sont presque indispensables, ils en abusent ; et on préfère encore fermer les yeux sur leur inconduite, leurs propos inconvenants, on préfère aider même à la satisfaction de leurs vices, plutôt que de se priver encore des rares services que l'on peut attendre d'eux. »

5. Cas dans lesquels le relégué ne sera pas obligé au travail. — Ressources personnelles, engagements de travail. — L'article 1 de la loi établit donc l'obligation du travail sans spécifier autrement que par un renvoi au décret à intervenir, par quels moyens coercitifs cette obligation sera sanctionnée. Mais il n'établit pas, du moins en apparence, cette obligation pour tous les relégués ; elle n'est prescrite, dit la loi, « qu'à défaut de moyens d'existence dûment constatés. » Cette disposition, non pas à cause de son principe, mais à cause du vague de l'expression, nous paraît devoir être la cause de nombreuses difficultés. Au point de vue des principes, on l'a vivement combattue en ce qu'elle serait contraire à l'esprit démocratique de notre droit et en ce qu'elle créerait un monstrueux privilège en faveur du criminel riche ; l'éminent professeur de la Faculté de Paris, M. Léveillé, s'est fait l'interprète éloquent de cette opinion. Nous croyons cependant qu'elle repose sur une fausse conception de la nature de la relégation qu'on représente à tort comme une peine principale ; si la relégation était en réalité, comme l'emprisonnement, une peine principale, il serait inique qu'on pût s'y soustraire ou en atténuer les effets par une compensation pécuniaire, cela est vrai ; mais M. Léveillé, pour soutenir que la relégation est une peine additionnelle et non accessoire, est obligé de donner comme argument que la relégation perpétuelle est en disproportion avec les 4 mois de prison, peine principale, qui la fera prononcer : à quoi il a été répondu plus d'une fois dans la discussion de la loi que la relégation n'est pas l'accessoire de la dernière condamnation quelle qu'elle soit, mais bien d'une série de condamnations graves en général, et que par conséquent, si elle est disproportionnée par rapport à l'une de ces condamnations, elle ne l'est nullement par rapport à leur ensemble. On pourrait d'ailleurs citer dans notre droit des peines ayant le caractère incontestable de peines accessoires et cependant autrement fortes, eu égard à la peine principale, que la relégation comparée aux condamnations qui l'ont entraînée. Ce qui fait de la relégation une peine véritablement accessoire, c'est qu'elle n'a pas pour but, comme toute peine principale, la punition du coupable, mais avant tout sa mise hors d'état de nuire. Si donc, à raison des circonstances, on considère qu'un individu relégué est inoffensif à l'état de liberté on n'a aucune raison et par conséquent aucun droit de l'enfermer pendant certaines heures pour le forcer à travailler, de même que l'on n'aurait pas songé un instant à priver les relégués de leur liberté la plus absolue si on avait jugé cette liberté compatible avec la sécurité publique. Nous ne pensons pas qu'il y ait là une atteinte aux principes de notre droit, pas plus qu'il n'y en a dans la contrainte par corps en vertu de laquelle on arrive cependant à emprisonner quelquefois pendant des mois, des individus qui ne subiraient pas un peu de prison s'ils avaient des ressources suffisantes. Mais on peut dire en tous cas, pour clore la discussion, que cette question, toute de principe, n'aura peut-être jamais une importance quelconque au point de vue pratique : le récidiviste vivant de ses rentes semble une conception bien chimérique ; il faut supposer pour qu'elle se réalise qu'un récidiviste indigent fait tout à coup un héritage ou gagne un lot à une loterie, fait qui, pour possible qu'il soit, n'en sera pas moins assez rare pour ne pas mériter une grande attention. La misère est la grande incitatrice du crime, qu'elle provienne du vice ou des circonstances extérieures, et les relégués seront bien rarement autre chose que des misérables.

En dehors de la catégorie problématique des relégués laissés en liberté parce que leurs ressources leur permettent de vivre sans travail, se place d'après la loi, la catégorie des relégués libres comme se suffisant par leur travail. M. Chessé a donné à ce sujet dans la note adressée par lui à M. le ministre de la marine (déjà citée) d'excellentes indications pour l'application de la loi ; le gouvernement de la colonie devrait dresser et transmettre avant chaque arrivée de relégués un état des demandes d'ouvriers qui lui seraient adressées par les colonies et des conditions offertes ; d'autre part, la liste des différents métiers pouvant être exercés par les relégués arrivant, d'après leur aptitude et leur capacité, serait dressée à l'avance, et on pourrait immédiatement expédier les relégués présumés les moins paresseux et les plus capables sur les lieux où ils seraient demandés et où dès lors ils vivraient en liberté. Ce système est excellent, mais il trouvera bien rarement son application. Tout le monde sait en effet que la Guyane meurt d'anémie, que tout y manque, non seulement les bras, mais les capitaux, et que le nombre d'habitants capables de faire œuvre de colonisation y est absolumeut dérisoire. Aussi faut-il compter que cette seconde catégorie des relégués vivant de leur travail libre sera presque aussi restreinte que la précédente ; il faut cependant retenir le système proposé parce que s'il ne trouve pas son application en Guyane, le Gouvernement peut au contraire l'appliquer avec succès dans d'autres colonies : tout dépend des circonstances et d'un jour à l'autre le besoin de bras peut se faire ressentir sur un point quelconque de notre domaine colonial.

La véritable difficulté que nous signalions plus haut résulte de la dernière ligne de l'article 1 « ... obligation du travail à *défaut de moyens d'existence dûment constatés.* » S'il est vrai que ces moyens d'existence consisteront rarement en rentes sur l'État, il ne faut pas oublier, d'autre part, qu'un très grand nombre de relégués arriveront porteurs de sommes variant entre 20 et 100 francs. Ce sont tous ceux dont la dernière peine subie (si le Gouvernement n'use pas jusqu'à l'extrême limite de son droit d'en abréger la durée) aura été assez longue pour leur permettre d'amasser en prison un certain pécule ; ce sont, en second lieu, ceux qui ne sont pas encore absolument abandonnés par leur famille et pour lesquels leurs parents auront fait un dernier sacrifice. Or l'expression « *moyens d'existence* » se trouve déjà dans la loi ; elle est employée par le Code pénal dans l'article 270, qui définit le vagabondage ; il faut donc, pour déterminer sa portée, s'en référer à la jurisprudence qui s'est créée sur cet article et supposer que le législateur n'a pas entendu donner à cette expression un autre sens que celui dans lequel les tribunaux ont coutume de la prendre ; il n'est pas douteux d'autre part que jamais un tribunal ne condamne comme vagabond un homme possédant d'une manière licite une somme lui permettant de vivre plusieurs jours : donc une somme de 20 fr. et même moindre, pourvu qu'elle provienne d'une cause licite, constitue au sens de la loi des moyens d'existence ne permettant pas d'obliger le relégué au travail ; de même que si ce relégué justifie d'un engagement de travail chez un patron, cet engagement ne fut-il pas même au mois, mais seulement au jour, cela suffit pour qu'il soit considéré comme ayant des moyens d'existence et qu'en cette qualité il ne puisse être retenu dans l'établissement de l'État : cette dernière hypothèse est posée dans ces termes mêmes par le rapport de M. Gerville-Réache (Séance du 28 mars 1885, n° 3653, page 41) et elle est résolue dans le sens que nous indiquons. Cela est d'ailleurs parfaitement juste. Mais comme la privation de la liberté ou plutôt la diminution de la liberté chez le relégué ne s'explique que par l'obligation du travail inscrite dans la loi, le régime qui lui sera applicable lorsque cette obligation ne lui sera pas imposée est évidemment la liberté ; d'où naîtra pour l'administration une certaine difficulté si elle se trouve en présence d'un nombre considérable d'individus qui lui appartiendront dans un bref délai et qu'elle ne peut par conséquent perdre de vue, mais que la loi ne lui permet cependant pas de maintenir immédiatement sous son autorité. On s'en tirera sans doute dans la pratique par une sorte d'internement provisoire sur un point spécial de la colonie et dans un état de demi-liberté analogue à celui qu'on applique aux déportés politiques ; mais quant à l'idée qui a été émise de garder les relégués pendant quelque temps sur des pontons, nous devons dire qu'à l'égard de ceux dont nous venons de nous occuper, cette mesure constituerait, s'ils ont terminé leur peine, une illégalité absolue.

Si le régime appliqué à l'immense majorité des relégués est, à peu de chose près, celui qu'on applique aujourd'hui aux transportés, il ne faudrait pas en conclure qu'au point de vue civil, leur situation soit modifiée dans le même sens. L'innovation faite à la loi consiste dans l'obligation du travail, rien de plus ; par conséquent il ne peut être question à propos des relégués, ni d'interdiction légale ni d'aucunes peines accessoires autres que celles qui auraient été prononcées par jugement ou qui résulteraient des condamnations encourues. Voici d'ailleurs comment s'est exprimé sur ce sujet le rapporteur de la loi à la Chambre des députés dans la séance du 1er mai 1883 : « L'honorable M. Versigny a commis une confusion lorsqu'il recherchait si le transporté (lire : le relégué) serait sous le coup de la dégradation civique et placé sous le même régime que les forçats. Les condamnés dont il s'agit ne pouvaient tomber sous l'application de semblables déchéances sans que la loi pénale ne l'eût dit d'une façon expresse. Du moment qu'elle ne l'a pas fait, il est évident qu'ils conservent les droits civils, civiques et de famille qu'ils n'auront pas perdus en vertu de jugements antérieurs. »

6. Lieux de relégation. Colonies ou possessions françaises. — La loi a laissé le soin au Gouvernement de décider quelles seront les colonies affectées à la relégation ; elle n'en impose et n'en prohibe aucune ; il est cependant utile à divers points de vue de chercher dans les rapports présentés à la chambre et au Sénat et dans les discussions qui se sont produites, non la volonté du législateur, mais les vœux qu'il a exprimés. Le projet voté par la Chambre limitait les lieux de relégation aux colonies suivantes : la Nouvelle-Calédonie et ses dépendances, les îles Marquises, l'île Phu-Quoc, la Guyane. A cette époque on avait l'idée d'organiser la Guyane en vue de recevoir autant que possible les condamnés aux travaux forcés et de réserver plutôt la Nouvelle-Calédonie pour les relégués ; en outre il avait toujours été entendu que le Gouvernement ferait parmi les relégués deux séries ; l'une comprenant les plus mauvais, soit environ les 2/3 ou les 4/5 destinés à la relégation collective, c'est-à-dire à être envoyés ensemble dans un lieu déterminé où l'Etat organiserait pour eux des ateliers ; l'autre comprenant tous les sujets présumés susceptibles d'une amélioration sérieuse et considérés comme suffisamment inoffensifs pour pouvoir se mêler aux colons et travailler sans surveillance pour le compte des particuliers ; on pensait envoyer ces individus soit à la Nouvelle-Calédonie, soit aux îles Marquises en leur laissant autant que possible le choix, ou en les dirigeant, dans leur propre intérêt sur la colonie (parmi celles désignées dans la loi) qui, d'après les demandes des colons, paraîtrait devoir leur offrir du travail dans les meilleures conditions ; c'était la relégation individuelle.

Cette idée éminemment philanthropique, mais qui trouvera, comme nous l'avons vu, trop rarement son application à cause du mauvais état de nos colonies, n'a pas cessé d'être celle de la loi. Le seul changement qui ait été fait au projet consiste dans la suppression de l'énumération des colonies affectées à la relégation (article 14 du projet voté par la Chambre). Cette suppression a été nécessitée par un supplément d'information qui a démontré l'impossibilité pour la Nouvelle-Calédonie de recevoir un chiffre considérable de relégués. Elle a d'ailleurs l'avantage de donner au Gouvernement une grande latitude pour le placement des relégués jugés susceptibles d'amendement, s'il est vrai en effet que l'envoi d'un nombre considérable de malfaiteurs eût pu porter le trouble dans une colonie prospère, en revanche, l'envoi d'un nombre restreint d'individus, fait à un moment judicieusement choisi, dans une colonie qui manque de bras, peut être d'une grande utilité : grâce aux termes de l'article 1 de la loi, le Gouvernement peut envoyer les relégués dans la colonie qu'il lui convient de désigner, fut-ce même une colonie en voie d'assimilation à la métropole, comme la Martinique, la Guadeloupe, la Réunion, etc.

Il y a lieu de remarquer que l'article 1 ne se sert pas seulement du mot « colonies » ; la relégation, dit-il, consistera dans l'internement perpétuel sur le territoire de colonies ou « *possessions françaises*. » Le mot de possessions ajouté à celui de colonies indique clairement, selon nous, que la loi n'entend pas exclure des lieux de relégation possibles tous les territoires sur lesquels nous avons des droits plus ou moins définis sans qu'on puisse cependant dire que ce sont des colonies ; la loi ne prononce implicitement qu'une exclusion, c'est celle de l'Algérie qui, rattachée directement à la

France, en fait partie intégrante, et ne peut passer aujourd'hui à aucun titre pour une colonie ou possession. Mais en revanche, outre nos colonies anciennes ou nouvelles, dont l'énumération est dans toutes les géographies, nous pensons que la loi autoriserait le Gouvernement à choisir pour lieu de relégation des pays simplement placés sous notre protectorat comme l'Annam, le Cambodge, etc. Le Gouvernement est-il, dès maintenant, autorisé à affecter dans l'avenir à la relégation des territoires qui pourront ultérieurement tomber sous la domination française, mais qui n'y sont pas actuellement ? Les termes de l'article 1 sont assez généraux pour le faire présumer, car aucune restriction n'est apportée au droit du Gouvernement et on ne voit pas d'ailleurs quel serait le motif d'une restriction ; pour que cette question prenne de l'importance, il faudrait supposer que le Gouvernement y fît l'acquisition d'une colonie d'une insalubrité plus grande que celle de nos colonies actuelles les plus dangereuses, et la choisît pour lieu de relégation ; il est à peine besoin de prévoir une hypothèse aussi singulière, et d'ailleurs le pouvoir législatif pourrait toujours intervenir à temps pour empêcher sa réalisation.

La question de savoir si le Gouvernement peut assigner comme lieu de relégation non pas une colonie tout entière mais un endroit déterminé d'une colonie, ne fait plus doute aujourd'hui que la diminution de liberté pour une catégorie de relégués résulte formellement de la loi ; même pour la catégorie de ceux qui vivent de leurs propres ressources, le Gouvernement a le droit incontestable de leur assigner une résidence fixe sur un point quelconque de la colonie ; cela résulte pour le Gouvernement du droit de surveillance qui lui est attribué par l'article 1, et aussi de ce que dans la rédaction définitive de l'article 1 § 2 on a pris soin de substituer les mots « les *lieux* dans lesquels pourra s'effectuer la relégation, » aux mots « les colonies ou possessions françaises » ; le premier paragraphe de l'article ayant déjà dit que la relégation consistera dans l'internement sur le territoire de colonies ou possessions françaises si l'on ajoute dans le second paragraphe, non pas comme dans la première rédaction, que les colonies ou possessions affectées à la relégation seront déterminées par décret, mais bien que les lieux de relégation seront déterminés par décret, cela veut dire bien évidemment que le Gouvernement a dans tous les cas le droit d'assigner une résidence aux relégués.

Il est à souhaiter que le Gouvernement n'abuse pas de ce droit et ne le fasse pas dégénérer en tyrannie pour les relégués laissés libres ; M. Chessé demande avec raison qu'on se borne à exiger d'eux une déclaration à la mairie chaque fois qu'ils changeront de résidence : ce vœu nous semble de nature à être pris en considération.

II. FAITS QUI ENTRAINENT LA RELÉGATION (articles 3, 4, 5 et 9).

7. Caractère, obligatoire pour le juge, de la relégation (article 4, préambule). — L'article 4, qui contient l'énumération des crimes et délits entraînant la relégation et est à ce titre le plus important de la loi, commence par ces mots : « Seront relégués.... » C'est sur ce texte que s'est livrée à quatre ou à cinq reprises différentes la bataille parlementaire la plus sérieuse à laquelle la loi ait donné lieu ; c'est encore aujourd'hui ce texte qui est l'objet des plus amères critiques. Il contient en effet pour le juge l'obligation de prononcer la relégation lorsque, le condamné se trouve dans un des cas énumérés plus loin. On s'est élevé de divers côtés avec vigueur et même avec indignation contre cette conception du juge-machine et de la loi à condamnation automatique, suivant la spirituelle expression de l'honorable M. Léveillé. Il semble cependant bien facile, si l'on réfléchit un instant, de voir combien ces critiques sont mal fondées. D'abord la disposition de l'article 4 est-elle une nouveauté, une monstruosité dans notre droit pénal? Est-elle une mesure de défiance outrageante pour les tribunaux ? Mais quel rôle jouent donc les membres d'une cour d'assises ? Est-il en leur pouvoir d'abaisser la peine au-delà d'une limite fixée immuablement par la loi? La latitude qu'ils ont est souvent bien faible, et personne n'a cependant soutenu que leur rôle manquât de dignité. En quoi le juge est-il diminué lorsque la loi lui dit : vous êtes absolument libre de déclarer le prévenu coupable ou non coupable ; mais si vous le déclarez coupable j'exige que vous le punissiez de telle peine ? Ce système, si on le généralise peut être dur jusqu'à la cruauté, nous le repoussons avec énergie, mais il n'a jamais été considéré comme injurieux pour le juge bien qu'il ait été appliqué en France pendant plus de 40 ans. Et le plus singulier est que précisément ceux qui veulent revenir dans certains cas au système du Code pénal, ceux qui veulent, en cas de récidive, priver le juge du droit de reconnaître des circonstances atténuantes, sont les mêmes qui s'insurgent au nom de la dignité de la justice contre la relégation obligatoire.

Au point de vue pratique, il est d'ailleurs absolument faux, sauf dans un seul cas, de dire que l'obligation de prononcer la relégation fait du juge une machine. On n'oublie qu'une chose, c'est qu'avant de prononcer la relégation le juge est d'abord obligé de prononcer la condamnation d'où elle va résulter, et qu'il faut, dans la plupart des cas, pour qu'il y ait lieu à relégation, que cette condamnation soit de 3 mois et un jour au moins. Si donc le juge estime que la présomption d'incorrigibilité posée par la loi se trouve être en défaut — ce qui ne sera pas bien fréquent, il faut en convenir — il aura un moyen suprême d'avoir raison contre la loi, ce sera de condamner à moins de 3 mois et un jour. Quant au reproche, qu'on fait alors à la loi, d'aboutir indirectement à énerver la répression, qu'on nous permette de dire qu'il n'est pas sérieux ; il n'y a que les personnes complètement étrangères à la pratique judiciaire qui croient que la prison se dose à un jour près suivant la moralité du prévenu et que quatre mois de prison ont nécessairement un effet plus afflictif et plus moralisateur que trois mois ; dans la réalité, lorsqu'un tribunal se trouve en présence d'un casier orné d'une vingtaine de condamnations, il sait d'avance à quoi s'en

tenir sur l'efficacité de la peine qu'il va prononcer ; il se borne à regarde
quelle est la dernière condamnation, et si elle est de 6 mois, il en donne 8 ;
si elle est d'un an, il donne 15 mois, simplement pour montrer au prévenu
qu'il n'aura pas raison de la justice, et que dans la lutte qui s'engage entre
le Code pénal et lui, c'est le Code pénal qui aura le dernier mot. Or, du
jour où on aura contre ce prévenu la menace de la relégation, il n'y aura
plus aucun intérêt à lutter avec lui à coups de mois de prison, on pourra,
sans énerver la répression, appliquer 3 mois de prison là où avant la loi
on aurait appliqué un an : l'épée de Damoclès qui restera suspendue sur
la tête du condamné produira un effet d'intimidation de nature à compen-
ser largement les mois de prison qu'il aura évités. Nous disions plus haut
que le tribunal se trouverait en présence de casiers judiciaires suffisamment
chargés ; il n'est pas inutile de revenir sur cette idée, parce qu'il semble
résulter des travaux préparatoires que beaucoup d'adversaires de la loi ont
cru, de bonne foi, qu'on rencontrerait des condamnés ayant juste les 4
condamnations à plus de 3 mois prévues par l'article 4, ni plus, ni moins :
d'où cette conclusion qu'il pouvait y avoir parmi ces individus beaucoup
de simples égarés à remener ; or, un casier composé de cette façon est un
pur phénomène, une exception sur laquelle il est impossible de raisonner ;
il faut qu'on sache qu'en pratique un casier contenant 4 condamnations à
plus de trois mois en contient nécessairement au moins 10 autres, et que
dès lors la présomption posée par la loi qui est l'incorrigibilité du prévenu
(non pas d'une manière absolue au point de vue moral, mais d'une manière
relative et eu égard aux peines dont nous disposons en France) est absolument justifiée. Veut-on admettre quand même l'hypothèse d'un individu
n'ayant que juste ces 4 condamnations et méritant vraiment d'intéresser
ses juges ? Ils seront alors heureux de ne lui donner que 3 mois de prison
et n'auront pas besoin d'y être amenés par la volonté de ne pas prononcer
la relégation ; dans des situations exceptionnelles comme celle-là, le juge
peut avoir des miséricordes exceptionnelles: il arrive parfois qu'un tribunal
correctionnel acquitte un prévenu bien que le fait soit établi ; il use dans
ce cas du droit souverain que la loi lui donne, il n'en abuse jamais.

Il n'y a qu'un cas où la conscience du juge ne puisse pas intervenir pour
modérer la peine de façon à éviter la relégation, c'est le cas où la dernière
condamnation est prononcée par une cour d'assises ; mais il n'appartenait
pas à la loi sur les récidivistes de modifier nos codes criminels. Un jour
viendra peut-être où l'on reconnaîtra que le dédoublement du juge n'est
que le triomphe de la logique sur la psychologie ; que le juré ne peut être
un pur esprit pesant dans une balance idéale et mesurant à la mesure de la
justice absolue les actions des accusés, mais seulement un homme rendant
une justice humaine ; on cessera ce jour-là de placer le juré entre des peines
qu'il a raison de trouver excessives et des acquittements que nous avons
raison de trouver scandaleux. Mais tant que ce système existera, on ne
pourra reprocher à la loi sur les récidivistes de n'y avoir pas dérogé.

Ce n'est pas non plus faire injure au pouvoir judiciaire que de dire que si on eût laissé aux tribunaux le pouvoir de prononcer ou de ne pas prononcer la relégation, il se serait établi entre les différents tribunaux des différences de jurisprudence extrêmement regrettables : comme criminalistes, les juges ont le droit de préférer à la relégation d'autres systèmes pénitentiaires ; si, usant de ce droit et de la faculté qui leur aurait été laissée, certains tribunaux avaient pris le parti de ne jamais prononcer la relégation, personne n'aurait pu leur faire un crime, ce nous semble, d'obéir à leur conscience tout en respectant la loi. Cela est si vrai qu'il s'est établi depuis longtemps, à l'égard de la surveillance de la haute police, ces jurisprudences divergentes dont nous parlons : tel tribunal applique la surveillance dans tous les cas où la loi le lui permet, tel autre ne la prononce jamais, parce qu'il estime que c'est une peine mauvaise : l'un et l'autre, jugeant selon leur conscience et ne violant aucune loi, ont raison. Cependant le législateur a le droit et le devoir de les départager en leur imposant à tous, pour le plus grand bien de la justice, une règle uniforme ; c'est ce qu'il a fait dans la loi du 27 mai 1885.

8. Période de 10 ans pendant laquelle doivent se placer les condamnations voulues pour la relégation — manière de la calculer. (art 4 préambule). — Avant d'arriver à l'examen des délits qui peuvent donner lieu à la relégation, nous devons faire une observation de pure forme à l'égard de la rédaction du préambule de l'article 4, qui contient le mot de récidivistes ; la loi a reçu du consentement populaire le nom de loi sur les récidivistes ; elle s'appelait dans le principe loi sur les récidivistes ou *malfaiteurs d'habitude*. Cette seconde expression était bien préférable à la première et il est regrettable qu'on ne s'y soit pas arrêté ; l'expression de récidiviste a un sens juridique déterminé qui n'a rien de commun avec le sens où elle est employée dans notre article ; déjà la pratique judiciaire a donné le mauvais exemple d'appliquer le mot de récidiviste à des individus qui sont à proprement parler des repris de justice, c'est-à-dire des individus comparaissant pour la seconde fois devant la justice répressive sans se trouver pour cela dans les conditions prévues par les articles 56 et suiv. C. P., qui seuls autoriseraient l'emploi du mot récidiviste ; la loi du 27 mai 1885 donne un troisième sens au mot de récidivistes, car les malfaiteurs d'habitude qu'elle vise sont bien nécessairement des repris de justice, mais il peut se faire qu'un grand nombre d'entre eux ne soient pas des récidivistes au sens du Code pénal, c'est-à-dire des individus, déjà condamnés à des peines criminelles ou correctionnelles supérieures à un an de prison. Quoi qu'il en soit, il reste bien certain que le mot récidiviste employé dans le préambule de l'article 4 n'a aucune signification particulière et pourrait être remplacé sans modifier le sens de la loi par le simple mot d'individu.

Seront relégués, dit l'article 4, les récidivistes qui, dans quelque ordre que ce soit et dans un intervalle de 10 ans non compris la durée de toute peine subie, auront encouru les condamnations énumérées à l'un des paragraphes suivants. Deux idées sont à retenir de ce paragraphe : la première est que l'ordre dans lequel les condamnations sont intervenues n'a pas d'influence sur la relégation ; la seconde est que, pour apprécier si un individu est ou non soumis à la relégation, il faut se placer au jour de la condamnation qui va être prononcée contre lui, et, son casier judiciaire à la main, remonter jusqu'à ce qu'on ait compté dix années en ne tenant pas compte du temps passé en prison. C'est en examinant cette période seulement qu'on doit apprécier si elle comprend le nombre et la qualité des condamnations exigées par la loi pour qu'il y ait lieu à relégation. Il faut remarquer que la loi parle de peine *subie* et non de peine *prononcée* ; la commission du Sénat avait essayé en deuxième délibération, de faire substituer le mot *prononcée* au mot *subie*, en sorte qu'on eût dû allonger la période de 10 ans de la durée de toute peine prononcée; le motif qu'elle donnait pour cette substitution était que toute peine prononcée était nécessairement subie, à moins qu'il n'y ait grâce ou évasion, le condamné qui se trouve dans l'un de ces deux cas et qui comme de nouvelles infractions mérite une punition plus sévère à raison du mauvais usage fait par lui d'une liberté à laquelle il n'avait pas droit. La substitution fut néanmoins repoussée dans la séance du 10 février 1885, à la demande de M. Herbette, commissaire du gouvernement. Le tribunal qui aura à appliquer la relégation devra donc vérifier avec soin les dates auxquelles le condamné aura été libéré de chacune des peines encourues soit que cette libération résulte de l'accomplissement complet de la peine, soit qu'elle résulte d'une grâce, soit qu'elle résulte d'une évasion.

Il peut arriver qu'à l'origine de la période de 10 ans se trouve une peine prononcée par une Cour d'appel ; cette peine devra-t-elle compter pour la relégation à sa date ou à la date du jugement de première instance ? Ainsi supposons un individu comparaissant le 12 mai 1885 devant un tribunal correctionnel pour vol ; son casier judiciaire révèle trois condamnations, chacune à quatre mois de prison, toutes subies intégralement et le tribunal est décidé à lui appliquer cette fois encore plus de trois mois ; nous verrons plus loin que la question de relégation va se poser ; on ajoutera à la période de 10 ans la durée des peines subies qui dans l'espèce s'élève juste à un an, c'est-à-dire que l'origine de la période à examiner se placera le 13 mai 1874 ; il se trouve, par hypothèse, que les trois condamnations subies sont toutes postérieures à cette date ; mais la plus ancienne est par exemple du 20 mai 1874, prononcée par une Cour sur appel d'un jugement du 1ᵉʳ mai 1874, c'est-à-dire antérieur à la date initiale de la période à examiner. La question doit être résolue d'après les principes généraux du droit en matière d'appels correctionnels. Si la cour a confirmé sur appel du condamné, ou si elle a augmenté les peines sur appel du ministère public, c'est à la date de l'arrêt seulement que le condamné commence à subir sa peine ; c'est par conséquent à cette date que la condamnation doit compter en vue de la relégation. Si au contraire le jugement a été confirmé sur appel du ministère public, ou si, sur l'appel du condamné la Cour a prononcé une réduction de peine, la peine commençant alors à courir à dater du jugement, c'est également à la date de ce jugement qu'on devra compter la condamnation pour savoir si elle est ou non comprise dans la période de 10 ans prévue par l'article 4.

Mais l'hypothèse inverse pourra se présenter ; le même individu, condamné à la relégation le 12 mai 1885 par un tribunal correctionnel, fait appel et est jugé sur cet appel le 1er juin. Pourra-t-il demander l'infirmation du jugement par le motif qu'en remontant au 1er juin 1874 on ne trouve plus le nombre de condamnations nécessaires, puisque l'une de ces condamnations est du 20 mai 1874 et par conséquent antérieure à la date initiale de la période de 10 ans ? En d'autres termes, lorsqu'un condamné est jugé sur appel d'un jugement qui a prononcé la relégation, doit-on pour calculer la période de 10 ans, examiner le casier judiciaire en remontant à partir de la date du jugement dont est appel, ou bien à partir du jour où l'arrêt va être rendu ? La solution peut différer suivant la solution que l'on donne à une autre question, celle de savoir si la relégation est une peine prescriptible.

Supposons en effet qu'à un moment donné un individu se soit trouvé dans les conditions voulues pour être condamné à la relégation, et que, soit par une erreur du tribunal, soit par suite d'une omission dans son casier judiciaire, la relégation ne soit pas prononcée contre lui. Le jugement acquiert l'autorité de la chose jugée, puis un certain nombre d'années plus tard, cet individu comparaît à nouveau devant la justice et on s'aperçoit alors qu'il aurait dû être relégué. Devra-t-on prononcer la relégation, bien qu'en parcourant son casier à partir du moment où il va être jugé jusqu'à une époque antérieure de 10 ans, on n'y trouve pas le nombre de condamnations exigées, pour la relégation ? L'affirmative résulterait de la généralité des termes du préambule de l'article 4 : « Seront relégués les récidivistes qui dans quelque ordre que ce soit et dans un intervalle de 10 ans non compris la durée de toute peine subie auront encouru les condamnations énumérées à l'un des paragraphes suivants. » En prenant ce texte à la lettre on peut dire qu'il suffit, pour qu'un individu soit soumis à la relégation, qu'on rencontre à une époque quelconque de sa vie une période de dix années pendant lesquelles se place le nombre de condamnations énumérées d'autre part ; ce qui reviendrait à dire que la relégation est une peine imprescriptible. Mais ce qui à notre avis doit faire absolument repousser ce système, c'est que si le législateur avait entendu le consacrer, il est inadmissible qu'il n'ait pas au moins dit un mot des condamnations principales à l'occasion desquelles la relégation devrait être dans ce cas prononcée. En effet, l'article 10 est formel, il faut que la relégation soit prononcée en *même temps que la peine principale* ; donc à supposer qu'ont ait oublié de prononcer la relégation contre un individu qui l'avait encourue, il est certain que cet individu ne pourra pas être plus tard recherché et arrêté uniquement à l'effet d'entendre prononcer contre lui la relégation : il faudra tout au moins, pour rester dans les termes de l'article 10, qu'il ait commis un nouveau délit ; mais lequel ? Faudra-t-il que ce délit soit un de ceux que la loi du 27 mai 1885 prévoit ? Faudra-t-il qu'il y ait condamnation à plus de trois mois ? La loi n'en dit rien ; or, ces questions sont évidemment trop graves pour qu'elles n'aient pas attiré l'attention du législateur s'il avait pensé qu'elles pourraient se poser ; il a évidemment cru que ces questions ne pourraient même pas naître, et s'il l'a cru, c'est que dans son idée, lorsqu'un individu a échappé, même à tort, à la relégation par un jugement ou arrêt passé en force de chose jugée, il y a échappé définitivement — du moins à l'égard de la même période de dix ans — et s'il retombe plus tard sous la main de la justice, les juges n'auront pas à examiner si à une époque quelconque de sa vie, il a subi pendant une période de dix ans les condamnations prévues par la loi, mais seulement s'il a subi ces condamnations dans les 10 ans qui précèdent immédiatement le jour de leur jugement. En d'autres termes, la peine de la relégation est prescriptible et prescriptible instantanément ; elle est prescrite du jour où une décision qui ne la prononce pas, bien que devant la prononcer, devient définitive.

Si l'on adoptait l'opinion contraire, il va de soi que dans l'hypothèse posée plus haut, celle où un condamné jugé sur appel excipe de ce que dans les dix ans qui précèdent, non pas le jour du jugement dont est appel, mais le jour même où l'arrêt va être rendu, il n'a pas encouru le nombre de condamnations voulues par la loi, on devrait décider sans hésitation que ce condamné n'en reste pas moins soumis à la relégation. Mais nous croyons qu'on doit arriver à la même solution par d'autres arguments. Si le condamné ne peut exciper en appel du moyen que nous venons d'indiquer, — ce qui ne nous paraît pas douteux — cela tient simplement à ce que la Cour doit être placée pour juger un condamné exactement dans la même situation où se trouvait le tribunal ; ce serait un phénomène unique dans notre droit pénal qu'une Cour d'appel fût obligée de réformer un jugement qui, au moment où il était rendu, ne contenait rien d'illégal, et qu'il dépendît ainsi de la seule volonté d'un condamné de se faire exonérer d'une peine qu'il avait encourue et que le tribunal était même obligé de prononcer.

Si la pratique de la loi nécessite un grand soin dans la manière de compter les dix années, il ne semble pas qu'elle doive présenter de grandes difficultés ; il faudra toujours, bien entendu, compter dans ces dix années le *dies ad quem*, puisque c'est ce jour-là que le tribunal prononce la dernière condamnation qui est l'une des conditions essentielles pour qu'il y ait lieu à relégation. Si donc le tribunal statue le 12 mai 1885, les dix ans auront commencé à courir le 13 mai 1875 ; la première opération devra être de se reporter à cette date. La seconde consistera alors à additionner toutes les peines subies pendant cette période en n'oubliant pas d'y comprendre celles qui auraient été subies même en vertu de condamnations antérieures, car il peut se faire qu'à la date du 13 mai 1875 le condamné fut en prison ; les peines devront être comptées par ans,

mois et jours comme elles ont été pro.ioncées. Supposons que le total de
cette addition donne : 2 ans, 4 mois, 16 jours ; le calcul des années et des
mois sera très simple, nous arriverons au 13 janvier 1873 ; remontant
encore 16 jours plus haut, nous arrivons à trouver que le premier jour de
la période à examiner est le 28 décembre 1872. Une fois ce calcul fait,
nous n'avons plus à nous préoccuper de la durée des peines subies; nous
devons porter notre attention sur le nombre et la qualité des condamnations prononcées. Mais avant d'arriver à cet examen il nous reste à éluci-
der un point : On ne doit pas, dit la loi, compter dans les 10 ans la durée
de toute peine subie. Faut-il comprendre dans les mots « peine subie » le
temps passé à l'état de liberté dans la colonie par le condamné à moins de
8 ans de travaux forcés ? Supposons, en effet, un individu condamné en 1870
à 5 ans de travaux forcés, en 1880 à 4 mois de prison pour vol, en 1885
encore à 4 mois de prison pour vol ; si nous comptons comme peine subie
non-seulement les 5 ans qu'il a passés aux travaux forcés de 1870 à 1875,
mais encore les 5 ans qu'il a passés comme libéré dans la colonie de 1875
à 1880, nous prononcerons la relégation contre cet individu, attendu qu'il
a encouru dans un intervalle de dix ans, non compris la durée des peines
subies le nombre de condamnations voulues par la loi. Si, au contraire, on
défalque seulement les cinq années passées aux travaux forcés, nous dirons que la période à examiner ne commence qu'en 1875, que par conséquent elle ne comprend pas la condamnation aux travaux forcés qui est de
1870, et que le condamné n'est pas dans les conditions voulues pour être
relégué.

Nous croyons que c'est cette seconde solution qui est juste ; sans
doute, à prendre la loi au pied de la lettre, elle parle de peine subie, et
l'obligation pour le libéré de résider dans la colonie pendant un temps
égal à la durée de sa peine, est bien une peine ; mais il faut considérer que
la loi n'a manifestement voulu parler ici que des peines emportant privation de liberté ; son idée, qui a été maintes fois exprimée au cours de la
discussion, est que le condamné, tant qu'il est en prison, n'a aucun mérite
à ne pas encourir de nouvelles condamnations puisqu'il n'est pas libre de
mal faire ; qu'il ne faut donc pas qu'il puisse se targuer d'être resté honnête pendant 10 ans, si sur ces dix ans il en a passé cinq en prison. Or, dans
notre espèce, le libéré aura raison de faire valoir qu'il est resté honnête
pendant le temps qu'il a résidé comme colon libre dans la colonie, car il
aurait pu pendant cette période ne pas rester honnête et encourir de nouvelles condamnations ; sa situation ne peut sans injustice être assimilée à
celle d'un individu qui aurait passé le même nombre d'années en prison.
Il est évident que la loi n'a pas pensé à cette situation spéciale du libéré astreint à la résidence en vertu de la loi de 1854 ; elle n'a visé que les peines
d'emprisonnement, de réclusion et de travaux forcés et elle a oublié qu'en
dehors de ces peines et en dehors des peines pécuniaires, il y avait encore
en matière de droit commun la peine *sui generis* créée par la loi de 1854.

Il faut donc interpréter la loi dans son sens le plus raisonnable qui est évidemment d'ajouter aux mots peine subie, ceux de : emportant privation de la liberté.

9. Premier cas de relégation (art. 4 § 1). — La loi prévoit quatre hypothèses dans lesquelles il y aura lieu à relégation : « 1° *Deux condamnations aux travaux forcés ou à la réclusion, sans qu'il soit dérogé aux dispositions des paragraphes 1 et 2 de l'article 6 de la loi du 30 mai 1854.* » Ces deux paragraphes sont ainsi conçus : «Tout individu condamné à moins de huit ans de travaux forcés sera tenu, à l'expiration de sa peine, de résider dans la colonie pendant un temps égal à la durée de sa condamnation. — Si la peine est de huit années, il sera tenu d'y résider pendant toute sa vie. » A l'origine, le projet de loi ne s'occupait que des condamnés à moins de huit ans de travaux forcés et ne prononçait la relégation que contre eux : c'était, en effet, logique, il n'y avait pas lieu de se préoccuper des condamnés à plus de 8 ans, puisque la loi de 1854 avait précisément à leur égard le même effet que la loi projetée. Plus tard, on avisa qu'il était inutile de faire cette distinction et que le texte gagnerait en concision sans devenir pour cela susceptible d'aucune difficulté si on la supprimait : en effet, quant aux condamnés à plus de huit ans, le régime qu'ils subiraient serait absolument le même, soit qu'on les considérât comme sous le coup de la loi de 1854 ou de la loi de 1885. Il était également indifférent de mettre dans la loi qu'il serait ou qu'il ne serait pas dérogé à la loi de 1854. Mais lorsque se produisit, entre les deux délibérations du Sénat, le changement portant comme on le sait sur l'obligation au travail des relégués, on conserva dans la rédaction de l'article les mots « sans qu'il soit dérogé, etc.» et on ne s'aperçut pas que loin d'être un avantage, cette disposition allait plutôt devenir une embarras : en effet, ou bien elle n'a plus guère de signification, ou bien sa signification serait que les condamnés aux travaux forcés continuent a être régis uniquement par la loi de 1854, sauf l'aggravation résultant de la loi de 1885, pour les condamnés à moins de huit ans, qui, en qualité de relégués, seront astreints à la résidence perpétuelle.

Si tel était le sens de la loi, elle conduirait aux conséquences les plus extraordinaires : ainsi un condamné à 5, 6, 7 ans, s'il est récidiviste, au sens de notre loi, fera d'abord 5, 6, 7 ans de travaux forcés, après quoi, en vertu de la loi de 1854, article 6 § 1, auquel il n'est pas dérogé, il résidera comme homme libre dans la colonie pendant 5, 6 ou 7 ans ; puis, en vertu de la loi sur la relégation, il passera pour le reste de ses jours dans la catégorie des relégués astreints au travail, dans une situation bien plus dure que celle où il vient de passer plusieurs années. Quant au condamné à 8 ans de travaux forcés ou plus, il aura au contraire, une position bien meilleure, s'il est uniquement régi par la loi de 1854, article 6 § 2, puisqu'une fois sa peine subie il sera simplement tenu en vertu de cette loi de résider à perpétuité, mais en état de liberté complète, sur le territoire de la colonie. Est-ce donc ainsi qu'il faut interpréter la loi? Evidemment non ; et d'ailleurs rien n'autoriserait cette interprétation, car si la loi de 1854 dit que les libérés devront résider soit un certain temps, soit à perpétuité dans la colonie, elle ne dit nullement qu'ils devront y résider en liberté complète et sans être astreints au travail. Ce que veut notre loi, c'est que le condamné aux travaux forcés, si la relégation a été prononcée contre lui, passe immédiatement après avoir subi sa peine, quelle qu'en soit la durée, sous le régime de la relégation. S'il est condamné à 5, 6, 7 ans de travaux forcés, il n'aura pas à bénéficier d'une période égale de liberté, pas plus qu'il ne sera libre pour le reste de sa vie s'il a subi 8 ans ou plus ; il sera simplement astreint au régime ordinaire des relégués ; cela se comprend de soi, cette disposition aggrave évidemment la loi de 1854, mais ne la contredit nullement. Il n'était donc pas bien nécessaire de dire qu'il ne sera pas dérogé à cette loi ; tout au plus cette disposition pourrait-elle trouver son application si, abusant d'un texte que nous rencontrerons plus loin pour ne pas effectuer la relégation des condamnés, le gouvernement prétendait aussi ne pas transporter ceux des relégués qui seraient condamnés aux travaux forcés ; si une pareille situation se présentait, il est évident que, tout au moins pour ceux-ci, l'affirmation écrite dans la loi de 1885 qu'il n'a pas été dérogé à la loi de 1854, obligerait absolument le gouvernement à les transporter.

Bien que le texte de l'article 4 § 1 ne fasse aucune distinction, il ne faudrait cependant pas en conclure que la cour d'assises qui prononce contre un individu la peine des travaux forcés à perpétuité doive en outre, s'il se trouve dans un des cas prévus par la loi de 1885, prononcer contre lui la relégation. Ce serait évidemment absurde, et ce serait même illégal, car si l'article 4 ne semble pas contraire à cette interprétation excessive, d'autres articles de la même loi l'excluent d'une façon implicite mais formelle ; ce sont : l'article 12, qui dit que la relégation ne sera appliquée qu'à l'expiration de la dernière peine à subir par le condamné, et l'article 6, qui dit que la relégation n'est pas applicable aux individus qui seront âgés de plus de 60 ans à l'expiration de leur peine.

10. Deuxième cas de relégation. Détermination des délits compris dans l'énumération de la loi (art. 4 § 2). — « 2° *Une des condamnations énoncées au paragraphe précédent et deux condamnations, soit à l'emprisonnement pour faits qualifiés crimes, soit à plus de trois mois d'emprisonnement pour: vol, escroquerie, abus de confiance, outrage public à la pudeur, excitation habituelle des mineurs à la débauche, vagabondage ou mendicité par application des articles 277 et 279 C. P.* »

Le texte voté par la Chambre des députés ne parlait que de peines de trois mois de prison au moins ; le Sénat en y substituant les mots « plus de trois mois » a considérablement adouci la rigueur de la loi ; on sait en effet, et cela a été rappelé à la tribune du Sénat, que les tribunaux ont adopté une certaine manière d'appliquer les peines, suivant laquelle on passe généralement de trois mois de prison à 6 mois, en sorte que, pour le passé du moins, il est certain que la disposition de la loi qui atteint les condamnés à plus de trois mois atteindrait en fait la plupart du temps des malfaiteurs condamnés à 6 mois de prison, peine évidemment sévère et faisant supposer que le condamné n'est pas digne d'intérêt. M. Ninard disait au Sénat dans la séance du 10 février 1885: « On ne condamne pas à trois mois et un jour de prison ; on condamne à trois mois, et quand la faute semble exiger une sévérité plus grande la peine s'élève à 6 mois, 9 mois même et un an. » Les condamnations à 4 mois, pour être rares n'en existent pas moins, il faut le reconnaître ; quant aux condamnations à 3 mois et un jour, il était vrai de dire qu'elles n'existaient pas avant le projet du Sénat, mais elles existent depuis: déjà des tribunaux ont commencé à appliquer cette mesure en vue précisément de la relégation, et on peut être certain que dans l'avenir les peines de trois mois et un jour et de quatre mois seront très fréquentes ; les tribunaux, qui n'ont pas d'illusions sur l'efficacité des peines qu'ils prononcent, ne chercheront pas à accumuler sur la tête des incorrigibles années sur années de prison ; ils préféreront de beaucoup, dans bien des cas graves, s'arrêter à cette peine courte et modeste en apparence, mais dont la signification n'échappera ni au condamné ni au public. L'idée exprimée plus haut par M. Ninard n'en restera pas moins juste, car ces peines de trois mois et un jour et de quatre mois s'appliqueront alors à des individus qui, avant le projet de loi, eussent été frappés de 6 mois et un an de prison. Nous rappelons pour mémoire seulement qu'en ce qui concerne les condamnations à l'emprisonnement pour faits qualifiés crimes, leur durée ne peut être moindre d'une année ; ce sont les condamnations que prononce dans certains cas la Cour d'assises lorsqu'en faveur d'un individu reconnu par le jury coupable d'un crime, elle use de son droit d'abaisser la peine de deux degrés. Il est à peine besoin de faire remarquer, tous les traités de droit pénal le font, la différence qui existe entre ce cas et le cas où, par suite d'une réponse négative du jury sur certaines circonstances, le caractère du crime a disparu et la cour se trouve en présence d'un simple délit auquel elle applique les peines correctionnelles. Ce dernier ne se trouve plus régi par la phrase : « soit à l'emprisonnement pour faits qualifiés crimes, » mais bien par la phrase : « à plus de trois mois d'emprisonnement pour vol, etc. » Du reste, quelle que soit la qualification donnée au fait, on devra en cas de doute se reporter aux articles visés dans le jugement ou l'arrêt.

Nous devons dire un mot de l'énumération des délits qui figurent au § 2, dont nous nous occupons ; chaque délit correspondant sinon à une section, du moins à une subdivision ou à un article du Code pénal, on ne comprend pas que des difficultés puissent se produire sur la détermination du délit : est condamné pour vol tout individu dont le jugement de condamnation vise un des articles compris dans la section « vol » ; le critérium est tellement simple qu'il semble inutile de l'indiquer. Cependant cette détermination a provoqué au Sénat une discussion qu'il est impossible de passer sous silence ; certains sénateurs ont paru croire que le vol de récoltes était un délit spécial non compris dans le terme générique de vol et ne pouvant pas par conséquent donner lieu à la relégation ; l'honorable M. Ninard, membre de la commission, s'est placé sur le terrain du fait et a répondu que la relégation ne serait pas en effet encourue pour ce délit parce que les tribunaux ne le punissent pas de plus de trois mois de prison ; c'est là une pure appréciation, mais peut-être eût-il mieux valu répondre nettement qu'en droit le vol de récolte est un vol, compris dans la section intitulée « vols », et que si un tribunal juge nécessaire de le punir de quatre mois de prison ou plus, comme il en a incontestablement le droit, cette condamnation comptera sans aucun doute en vue de la relégation. Il est bien vrai qu'il y a certains vols connus sous le nom de maraudage et qui ne peuvent pas donner lieu à la relégation, mais par la raison bien simple que le Code pénal modifié par la loi du 28 avril 1832 a fait du maraudage une contravention de simple police, non susceptible par conséquent d'entraîner une peine de trois mois de prison ; ce n'est donc pas à propos de ces vols spéciaux que peut se poser la question, mais bien uniquement à propos des vols des récoltes précisés à l'article 388 du Code pénal, lesquels sont susceptibles d'entraîner une peine supérieure à trois mois. Le rapporteur de la commission au Sénat, M. de Verninac, avait d'ailleurs parfaitement précisé ce point : « Pour le vol commis dans les champs, pour le vol des récoltes — *vol compris dans notre énumération*, non pas d'une façon spéciale, mais d'une façon qui rentre dans la définition générale du vol — l'article 388 du Code pénal inflige une peine de 1 à 5 ans de prison, lorsqu'il s'agit d'un vol de bestiaux, de 15 jours à 2 ans seulement, lorsqu'il s'agit de récoltes pendantes ». (Séance du 10 février 1885). M. Bérenger, ne se tenant pas pour satisfait, posa cette question : « En droit criminel, le vol des récoltes est un délit différent du vol. Je le répète, la commission comprend-elle le délit de vol de récoltes sous la dénonciation de vol ? Cela n'est pas probable. » Voici la réponse de M. Ninard ; on remarquera qu'elle contient un lapsus, de même que la question de M. Bérenger contenait, sinon une erreur, du moins une expression ambiguë, car s'il est vrai qu'en droit criminel le vol des récoltes, *dans le cas où il constitue le maraudage*, est, non pas un délit différent du vol, mais une *contravention* différente du vol, il n'en est pas moins vrai que le vol de récoltes, dans les cas où il ne constitue pas le maraudage, c'est-à-dire dans les cas prévus par l'article 388 est bien un délit compris dans la dénomination générale de vol, comme le disait avec raison M. de Verninac. L'erreur de M. Ninard est d'attribuer à la juridiction correctionnelle la connaissance de la contravention de maraudage, laquelle appartient à la simple police. «Le Sénat a parfaitement saisi, dit-il, que dans l'énumération du § 3 de l'article 4, qui est en discussion, ne peuvent évidemment être compris les amis et connaissances de l'honorable M. de Gavardie.» (M. de Gavardie avait réclamé un peu d'indulgence pour les voleurs de récoltes). « Il ne s'agit pas ici de vols dans les champs, de ce qu'on appelle généralement le maraudage, pour lequel sont réservées par la juridiction *correctionnelle* des peines insignifiantes, mais de délits d'un tout autre caractère, d'une nature autrement grave. » Cette réponse n'était pas de nature, il faut en convenir, à lever les doutes qui avaient pu naître ; M. de Gavardie le fit observer en ces termes : « Vous voyez... que cet article n'est pas rédigé d'une façon suffisamment claire. Le mot vol peut être pris ici dans deux sens différents ; *et cependant dans la langue du droit, s'il n'y a pas une modification de l'article, il est évident que le vol dans les champs sera considéré comme un vol ordinaire, le Code ne fait aucune distinction à cet égard...* Voulez-vous que je vous cite un exemple qui montre combien ces matières-là sont délicates ? Le vol de bois et le vol de poisson sont-ils compris dans votre expression ? (Interruptions à gauche). — M. *Xavier Blanc*, membre de la commission : « Ce sont des choses essentiellement distinctes ! » — *M. de Gavardie* : « Mais enfin, messieurs, vous voyez bien que vous ne vous êtes pas préoccupés des situations diverses qui peuvent se produire à cet égard-là... Eh bien, vous arriveriez ainsi à prononcer la peine de l'internement perpétuel pour quatre vols misérables. Cela est impossible ! » (Protestations à gauche). — M. *Ninard*, membre de la commission : « Mais on ne condamne pas à plus de trois mois de prison pour un maraudage ! » (Le renvoi du paragraphe à la commission est rejeté; le paragraphe est adopté).

Ce qui ressort en définitive de cette discussion, c'est qu'il est possible que certains sénateurs ne se soient pas rendu compte de la portée de l'article ; mais l'article en lui-même n'en est pas moins parfaitement clair, et sa portée n'a échappé ni à M. de Verninac, rapporteur, qui le soutenait, ni à M. de Gavardie, qui, tout en le combattant, en a donné, comme juriste, la véritable interprétation, Oui, il est bien certain que, du moment qu'on parle de « vols », sans aucune épithète, ce terme comprend tous les genres de vols énumérés dans la section du Code pénal intitulé « vols », depuis l'article 379 jusque et y compris l'article 401. Ce terme comprend donc les vols de récoltes, les vols de bois et les vols de poisson, tels qu'ils sont prévus par l'article 388, dont voici les termes : « Quiconque aura volé ou tenté de voler dans les champs des chevaux ou bêtes de charge, de voiture ou de monture, gros et menus bestiaux, ou des instruments d'agriculture, sera puni d'un emprisonnement d'au moins 1 an et de 5 ans au plus, et d'une amende de 16 fr. à 500 fr. — Il en sera de même à l'égard des vols de bois dans les ventes, et de pierres dans les carrières, ainsi qu'à l'égard du vol de poisson en étang, vivier ou réservoir. — Quiconque aura volé ou tenté de voler dans les champs des récoltes ou autres productions utiles de la terre déjà détachées du sol ou des meules de grains faisant parties des récoltes, sera puni d'un emprisonnement de 15 jours à 2 ans et d'une amende de 16 à 200 fr. — Si le vol a été commis soit la nuit, soit par plusieurs personnes, soit à l'aide de voitures ou d'animaux de charge, l'emprisonnement sera d'un an à 5 ans et l'amende de 16 fr. à 500 fr. — Lorsque le vol ou la tentative de vol de récoltes ou autres productions utiles de la terre qui, avant d'être soustraites, n'étaient pas encore détachées du sol, aura eu lieu soit avec des paniers ou des sacs ou autres objets équivalents, soit la nuit, soit à l'aide de voitures ou d'animaux de charge, soit par plusieurs personnes, la peine sera d'un emprisonnement de 15 jours à 2 ans et d'une amende de 16 fr. à 200 fr. — Dans tous les cas spécifiés au présent article, les coupables pourront indépendamment de la peine principale, être interdits de tout ou partie des droits mentionnés en l'article 42, pendant 5 ans au moins et 10 ans au plus, à compter du jour où ils auront subi leur peine. Ils pourront aussi être mis par l'arrêt ou le jugement sous la surveillance de la haute police pendant le même nombre d'années.» Tel est le délit de vol de récoltes, que M. Ninard qualifie avec raison de délit d'une nature et d'un caractère graves, et qui est incontestablement compris dans le mot « vol » de notre paragraphe.

Voici maintenant la *contravention* de maraudage, qui non moins incontestablement n'y est pas comprise, sans qu'il soit nécessaire de le dire, puisque, à titre de contravention, elle ne peut pas être punie de peines assez sévères pour entraîner la relégation ; c'est la contravention prévue et punie par les articles 471 § 9 et 475 § 15 C. P. : « Seront punis d'amende depuis 1 fr. jusqu'à 5 fr. inclusivement,…. ceux qui, sans autre circonstance prévue par les lois ,auront cueilli ou mangé sur le lieu même des fruits appartenant à autrui ; ceux qui, sans autre circonstance, auront glané, ratelé ou grappillé dans les champs non encore dépouillés et vides de leurs récoltes, ou avant le moment du lever, ou après celui du coucher du soleil. »—« Seront punis d'amende, depuis 6 fr. jusqu'à 10 fr. inclusivement,… ceux qui déroberont, sans aucune des circonstances prévues en l'article 388, des récoltes ou autres productions utiles de la terre qui avant d'être soustraites n'étaient pas encore détachées du sol. » On ne comprend véritablement pas comment, en présence de ces textes, la question que nous venons d'examiner a pu se poser devant le Sénat et comment le paragraphe a pu y être voté sans qu'une explication absolument nette fût donnée : la seule lecture des articles ci-dessus tranchait absolument la question.

Il n'est pas douteux non plus que le mot « vol » comprenne, dans notre paragraphe, le délit connu sous les noms divers de filouterie, grivellerie, fraude au préjudice des restaurateurs, et qui est ainsi défini par la loi du 26 juillet 1873, devenue le paragraphe final de l'article 401 : « Quiconque, sachant qu'il est dans l'impossibilité absolue de payer, se sera fait servir des boissons ou des aliments qu'il aura consommés en tout ou en partie dans des établissements à ce destinés, sera puni d'un emprisonnement de 6 jours au moins et de 6 mois au plus et d'une amende de 16 fr. au moins et de 200 fr. au plus. » Comme pour le vol des récoltes, on a demandé si la filouterie d'aliments pourrait donner lieu à la relégation, et il a été répondu que la question n'avait pas d'intérêt puisque jamais les tribunaux n'infligeaient plus de 3 mois de prison pour ce délit. Les réponses de ce genre sont toujours regrettables, d'abord parce qu'elles ne sont pas toujours exactes, (et nous pourrions citer nombre de cas où des voleurs d'aliments ont été condamnés à plus de 3 mois de prison),ensuite parce que, à une question posée en droit, il convient de répondre en droit et non en fait. Or en droit, nous le répétons, l'article 401 se trouvant dans le Code pénal sous la rubrique « vols, » et commençant d'ailleurs par les mots « les autres *vols* non spécifiés dans la présente section.... », il ne peut y avoir aucune incertitude.

L'énumération de la loi continue par l'escroquerie. Nous n'avons pas ici pour nous guider l'intitulé d'une section, nous avons simplement un article dans lequel il faut se renfermer, c'est l'article 405 ; la division dans laquelle se trouve cet article est placée sous la rubrique *Banqueroute et escroquerie*, mais, la loi sur la relégation ne visant que l'escroquerie, il est manifeste que les condamnations pour banqueroute simple, pas plus que celles qui seraient prononcées par application des articles 594, 596 et 597 du Code de commerce, ne peuvent être comptées en vue de la relégation ; dans ces cas, en effet, le Code de commerce dit bien que les individus désignés seront punis des peines du vol ou de l'abus de confiance, mais l'identité de la peine ne crée pas évidemment l'identité des délits ; les délits prévus par les articles précités ont un caractère *sui generis* qui les distingue du vol, de l'abus de confiance et de l'escroquerie, et, dans le silence de la loi, on ne peut leur étendre ses dispositions répressives. L'abus de confiance au contraire figure parmi les délits susceptibles d'entraîner la relégation ; nous ne reviendrons pas sur les explications que nous avons données à propos du vol ; qu'il nous suffise de dire que l'abus de confiance, aux termes du Code pénal, ne consiste pas seulement dans le délit prévu par l'article 408 (qui est d'ailleurs de beaucoup le plus fréquemment appliqué en cette matière) ; l'abus de confiance, c'est l'ensemble des délits prévus et punis par les articles 406, 407, 408 et 409 du Code pénal, placés sous la rubrique : *Abus de confiance* ; tous ces délits donnent lieu à relégation. Il en est de même de l'outrage public à la pudeur (article 330), de l'excitation habituelle des mineurs à la débauche (article 334), et enfin du vagabondage et de la mendicité qualifiés (articles 277 et 279).

11. Troisième et quatrième cas de rélégation. — Observation sur la rédaction du § 4 article 4 (art. 4. §§ 3 et 4). — 3° « *Quatre condamnations, soit à l'emprisonnement pour faits qualifiés crimes, soit à plus de 3 mois d'emprisonnement pour les délits spécifiés au paragraphe 2 ci-dessus. —* 4° *sept condamnations dont 2 au moins prévues par les deux paragraphes précédents, et les autres, soit pour vagabondage, soit pour infraction à l'interdiction de résidence signifiée par application de l'article 19 de la présente loi, à la condition que deux de ces autres condamnations soient à plus de 3 mois d'emprisonnement.* »

Ce paragraphe 4 a donné lieu à une très vive discussion à raison de ce qu'il ajoute le vagabondage et la rupture de ban aux délits pouvant sous certaines conditions, entraîner la relégation ; le paragraphe 2 en effet ne visait que le vagabondage et la mendicité qualifiés qui sont bien des délits : le vagabond ou le mendiant qui se porte à des violences, qui a sur lui des armes ou des instruments de vol, ou même qui se déguise, annonce par là seulement des intentions criminelles que la loi morale condamne. Mais le simple vagabondage est-il bien au point de vue moral un délit? On s'accorde généralement à reconnaître que non ; il y a dans ce fait un danger pour la société, danger dont elle se préserve en résistant, mais rien de plus ; c'est, comme on l'a fort bien dit, un délit purement conventionnel. Dès lors, convenait-il, en exigeant, il est vrai, un plus grand nombre d'infractions et aussi quelques condamnations pour faits plus graves, d'assimiler le vagabond aux pires criminels? M. Bérenger, qui combattait ce quatrième paragraphe, s'exprimait ainsi : « Le vagabondage dérive bien plus souvent d'un vice, d'un manque d'équilibre dans les facultés, de la faiblesse de caractère, de l'absence de ressort moral, que d'une perversité réelle. Nature molle, paresseuse, incapable de tout travail, le vagabond n'est pas pour cela forcément malhonnête. Sa vie errante lui donne mille occasions de nuire, et souvent au milieu d'innombrables condamnations pour son vice favori, on ne trouve pas une condamnation pour vol. » Ce tableau du vagabond est extrêmement juste : lorsqu'on rencontre des casiers judiciaires portant 20 condamnations pour vagabondage et mendicité, et pas une seule autre, — et le fait se produit, — on peut affirmer qu'on se trouve en présence d'un homme particulièrement inoffensif, mais chez qui la paresse atteint des proportions véritablement incroyables. N'y avait-il donc rien à faire pour combattre cette paresse, pour utiliser ces forces perdues, pour faire cesser le danger de l'exemple ? Nous croyons que loin de continuer à frapper le vagabond de peines illusoires, et d'ailleurs imméritées au point de vue moral, on aurait pu organiser pour lui une relégation à laquelle il se serait souvent offert de lui-même et qu'il dépendait encore de l'administration d'organiser ; à tous ceux qui ne sont pas foncièrement pervertis, mais seulement dominés par l'idée que tout effort est inutile dans les conditions de misère et de déchéance où ils se trouvent, on pourrait montrer avec fruit la possibilité d'une régénération par le changement de milieu, car c'est surtout le milieu qui a perdu ces hommes plutôt qu'ils ne se sont perdus eux-mêmes. La loi s'est arrêtée à un système mixte qui, sans être aussi dur qu'on le lui a reproché, n'indique pas assez l'idée moralisatrice qui devrait l'animer : elle exige pour la relégation que le vagabond ait été assez sévèrement puni comme vagabond, puisqu'elle veut deux condamnations à plus de 3 mois; elle exige en outre que ce vagabond soit un malhonnête homme condamné 2 fois à plus de trois mois de prison pour vol, escroquerie, etc. Il est certain que dans ces conditions, le reproche fait à la loi de punir la misère est mal fondé ; mais, d'autre part, il faut convenir que ces vagabonds seront encore l'élite de la relégation, et que la loi aurait pu ne pas laisser à l'administration le droit de les confondre avec les pires criminels dans une ignoble promiscuité ; nous espérons que l'administration saura ne pas user de ce droit, et créer pour les vagabonds un régime de relégation différent de celui des voleurs et des assassins. Toutefois, il ne faudrait pas que le seul titre de vagabond, sans aucun examen des faits qui ont amené la condamnation, devînt un titre de noblesse parmi les relégués, car, en vertu d'une disposition dont nous parlerons bientôt, on punira à l'avenir sous le nom de vagabondage non seulement le délit de l'article 270, mais encore un autre délit que le législateur a enfin décidé de réprimer et qui indique chez son auteur une déchéance morale plus grave et plus irrémédiable que celle des malfaiteurs les plus dangereux ; il est à désirer qu'un mot soit inventé pour désigner dans la pratique et sur les casiers judiciaires ce délit qu'il est fâcheux et inexact de qualifier de vagabondage ; les vagabonds ont encore le droit de ne pas être confondus avec les souteneurs.

La rédaction du § 4 a été modifiée : dans le principe elle visait à la fois la mendicité et le vagabondage et elle était conçue en termes un peu ambigus. La commission du Sénat a supprimé la mendicité de la liste des délits pouvant donner lieu à relégation ; en outre elle a fait adopter la rédaction actuelle par les motifs suivants donnés par M. Ninard au nom de la commission dans la séance du 10 février ; la rédaction primitive était celle-ci : ... « 2 au moins des condamnations prévues par les paragraphes précédents, et 5 condamnations dont 2 au moins à trois mois d'emprisonnement soit pour vagabondage, soit pour infraction à l'interdiction de résidence, etc. » Avec ce texte, disait M. Ninard, « il pourrait se produire qu'au lieu de 2 condamnations pour vol, escroquerie, abus de confiance, etc., suivies de 5 condammations pour vagabondage simple, il se rencontrât 3 condamnations pour vol, etc., et 4 condamnations pour vagabondage. La relégation alors ne serait pas encourue, et il en résulterait cette singulière conséquence, qui frappe immédiatement, qu'une condamnation pour l'un des délits spécifiés au § 3, vol, etc., n'équivaudrait pas à une condamnation pour vagabondage. Ce n'est pas là assurément la pensée de la commission, ce n'est pas assurément non plus la pensée du Sénat, c'est moins encore l'esprit de la loi. La commission vous propose donc, messieurs, de substituer une rédaction nouvelle à la rédaction proposée. » Cette rédaction nouvelle est la rédaction actuelle du § 4. Malheureusement il faut convenir qu'elle n'est guère moins équivoque que la précédente, et qu'en présence précisément de l'hypothèse présentée par M. Ninard, nous serions tout aussi embarrassés qu'avec l'ancienne, si l'interprétation officiellement donnée ne résolvait pas la question. Supposons, en effet, un individu ayant subi 3 condamnations à plus de 3 mois pour vol ; quelles seront, d'après le § 4, les 4 autres condamnations qu'il lui faudra pour être relégué ? 4 condamnations pour vagabondage, dont 2 à plus de 3 mois, si l'on prend le texte au pied de la lettre ; en effet, les 3 condamnations à plus de 3 mois pour vol sont celles que le texte vise dans les mots : 2 condamnations *au moins* prévues par les paragraphes précédents ; les mots *au moins* indiquent qu'il peut y en avoir plus de 2 ; il ne peut pas y en avoir 4, parce qu'alors nous serions dans les termes du § 3 ; donc il peut y en avoir 3, c'est même la seule hypothèse possible.

S'il y en a 3 à plus de 3 mois pour vol, la loi n'en exigeant en tout que 7, il n'en faut plus que 4 pour vagabondage ; ce sont ces 4 que la loi désigne par « *les autres.* » Mais puisque 2 de *ces autres* doivent être à plus de 3 mois, il en résulterait donc qu'il n'y aurait pas lieu à relégation, si une seule de ces autres était à plus de 3 mois : or, c'est précisément l'hypothèse de M. Ninard, hypothèse en vue de laquelle le texte actuel a été fait pour bien affirmer qu'il y avait lieu dans ce cas à relégation ! Ce que la commission a voulu dire, c'est qu'il faut comprendre la troisième condamnation pour vol dans le terme « *les autres* », et non pas dans le terme... « *prévues par les deux paragraphes précédents.* » De cette manière en effet la troisième condamnation à plus de 3 mois pour vol viendra en déduction des 2 condamnations à plus de 3 mois qui doivent se trouver parmi « *les autres* », et la relégation de l'individu qui a subi 4 condamnations à plus de 3 mois dont 3 pour vol et 1 pour vagabondage deviendra possible s'il a subi en outre 3 condamnations quelconques pour vagabondage. Il est permis de se demander si la seule lecture du texte assez équivoque du § 4 aurait autorisé cette solution ; quoi qu'il en soit, il est certain que c'est bien cette solution que le législateur a voulu et elle est d'ailleurs absolument raisonnable ; pour être tout-à-fait clair, ce paragraphe aurait dû être rédigé ainsi : « Seront relégués... ceux qui auront subi 2 condamnations prévues par les deux paragraphes précédents, 2 condamnations à plus de trois mois pour vagabondage et 3 condamnations quelconques pour vagabondage, ou bien 3 condamnations prévues par les deux paragraphes précédents, et 4 condamnations pour vagabondage dont une à plus de trois mois d'emprisonnement. » Ce qui est bien certain c'est qu'il faut retenir de ce paragraphe trois idées : 1° Il exige 7 condamnations dont quatre à plus de trois mois ; 2° Ne peuvent compter pour la relégation que les délits spécifiés au § 2, plus le vagabondage et l'infraction à l'interdiction de résidence, à l'exclusion de tous autres ; 3° Les deux derniers délits sont les seuls qui puissent, dans certaines conditions, compter en vue de la relégation lorsqu'ils ont été punis d'une peine moindre de 3 mois et un jour. Nous disons que ce sont les seuls, parce qu'il ne faut pas perdre de vue les travaux préparatoires et l'esprit de la loi ; le texte voté par la chambre portait : Sera relégué quiconque aura subi, outre 5 condamnations pour vagabondage dont une à trois mois de prison, 2 condamnations prévues par les articles précédents (c'est-à-dire pour vol, etc., à 3 mois). L'esprit de la loi était donc bien de ne frapper le vagabondage de la relégation que lorsqu'il constitue une habitude invétérée, lorsqu'il dénote, par la fréquence et la gravité des condamnations une paresse incurable. Cet esprit n'a pas cessé d'être celui de la loi, car nous venons de voir que le Sénat, en donnant une autre forme à l'article, s'est fort peu écarté de l'hypothèse prévue par la Chambre, et s'est borné à exiger que la preuve de l'incorrigibitité du vagabond fût prouvée par 2 condamnations graves au lieu d'une. Cela étant, si nous supposons un individu condamné 6 fois pour vol, dont 3 fois à plus de 3 mois, et une seule fois pour vagabondage, à plus de 3 mois il est vrai, pouvons-nous dire que nous sommes en présence d'un vagabond d'habitude absolument incorrigible comme tel ? Evidemment non; nous sommes en présence d'un voleur qui n'a pas subi, comme voleur, les condamnations exigées par le § 3 pour être relégué, mais ce n'est pas là non plus le vagabond contre lequel a été fait le § 4. Il nous paraît donc certain que ce serait violer l'esprit de la loi sinon son texte, que d'appliquer dans ce cas ce paragraphe ; il est bien vrai que 3 condamnations accessoires pour vol dénotent plus de perversité que les mêmes condamnations pour vagabondage, mais nous le répétons, le paragraphe 4 est dirigé contre le vagabond qui, en commettant quelques autres délits, aura montré qu'il est vicieux et non seulement paresseux, tandis qu'il n'est pas dirigé contre le voleur qui aura été accidentellement condamné pour vagabondage.

Nous devons remarquer qu'il faut en tout cas que les 7 condamnations prévues au § 4 soient des condamnations à l'emprisonnement; il va de soi que si par extraordinaire un tribunal condamnait un vagabond à 16 fr. d'amende, ce qu'il a le droit de faire en vertu de l'article 463 dernier alinéa, cette condamnation ne pourrait en aucun cas compter en vue de la relégation. Cela n'est pas écrit dans notre texte, parce que vraisemblablement le législateur ne s'est pas préoccupé d'une hypothèse aussi bizarre que celle d'une condamnation à l'amende prononcée contre un individu qui n'a ni moyens d'existence ni profession ni domicile, mais il faut, à défaut du texte, tenir compte de l'intention du législateur, surtout lorsqu'il s'agit, comme dans ce cas, de donner une interprétation favorable au prévenu.

On s'est demandé si la relégation pourrait, dans le cas du § 4, être prononcée en même temps qu'une condamnation à moins de 3 mois et jour. Nous avouons qu'en présence du texte de l'article 4, préambule : « *Seront relégués les récidivistes qui dans quelque ordre que ce soit auront encouru, etc...* », nous ne pensons pas que la question puisse se poser à l'avenir ; lorsqu'elle a été posée en effet par M. Lagrange à la Chambre des députés le 29 juin 1883, la disposition correspondant à celle du préambule de l'article 4 actuel était insérée dans un article visant seulement les cas de relégation autres que ceux du § 4 de l'article 4; en ce qui concernait au contraire le cas des 7 condamnations dont 5 pour vagabondage (art. 4 § 4 actuel), la loi était absolument muette sur l'ordre dans lequel les condamnations devaient intervenir. On comprend alors qu'on se soit préoccupé du point de savoir si la relégation serait prononcée quelle que fût la durée de la dernière peine. M. Laroze, président de la commission, répondit négativement, bien que cette négation fût peut-être bien hardie, le silence de la loi autorisant à appliquer par analogie la règle posée plus haut, bien plutôt qu'à créer de toutes pièces une règle différente. Mais, quoi qu'il en soit, en présence de la règle généralisée par le préambule de l'article 4, désormais applicable sans aucun doute à toutes les condamnations comptant en vue de la relégation, l'opinion émise par M. Laroze ne serait plus aujourd'hui soutenable. Il pourra certainement arriver qu'un individu comparaisse pour vagabondage devant un tribunal, après avoir déjà subi depuis 10 ans deux condamnations à plus de trois mois pour vol et quatre condamnations pour vagabondage dont deux à plus de trois mois ; dans ce cas, il est certain que si le tribunal le condamne seulement à 24 heures d'emprisonnement, il doit prononcer la relégation ; c'est là un des cas où le juge est placé dans l'alternative ou d'acquitter ou de prononcer la relégation, sans pouvoir modérer la peine de façon à éviter la relégation, cela n'est pas douteux. Encore aurait-il cependant la ressource, comme nous venons de le voir, de condamner à l'amende seulement.

Nous parlerons plus loin de l'interdiction de résidence dont il est question au paragraphe 4 ; on sait que c'est la peine qui est destinée à remplacer la surveillance de la haute police. L'infraction à cette interdiction n'est donc pas autre chose que la rupture de ban ; il convient seulement d'observer que la loi parlant d'infraction à l'interdiction de résidence, c'est-à-dire d'un délit qui n'existera qu'après la promulgation de la loi, et non de la rupture de ban, délit qui existe actuellement, il en résulte manifestement qu'aucune condamnation pour rupture de ban prononcée antérieurement à la mise en vigueur de la loi ne peut compter en vue de la relégation.

Nous devons mentionner que deux délits, qui avaient primitivement été mis sur la liste des délits pouvant entraîner relégation, ont disparu : le délit de coups et blessures, qui ne figurait que sur le projet de Waldeck-Rousseau et qui a disparu dès la discussion à la commission de la Chambre, et le délit de destruction ou dégradation d'arbres ou de récoltes, qui, admis par la Chambre, a été repoussé par le Sénat. En revanche, nous avons à nous occuper du nouveau délit créé par le paragraphe final de l'article 4 et assimilé au vagabondage. Cette assimilation, quant au nom et quant à la peine, bien que n'étant peut-être pas très conforme à la nature même des faits, entraîne bien évidemment dans l'intention du législateur, assimilation quant à la relégation : il est bien manifeste que s'il en était autrement, on n'aurait pas choisi l'occasion d'une loi sur la relégation pour modifier le Code pénal.

Enfin, nous devons faire observer que la question ne doit pas même se poser de savoir si les années d'emprisonnement dans une maison de correction subies en vertu de jugements par des mineurs acquittés comme ayant agi sans discernement, doivent compter pour la relégation. L'article 4 ne parle que de condamnations, et nous nous plaçons dans un cas où il y a acquittement ; il est manifeste qu'un acquittement ne peut compter comme une condamnation, quelles qu'en soient, en fait, les conséquences.

Le seul motif de doute pourrait être que ces années d'emprisonnement figurent au casier judiciaire, mais c'est une observation déjà faite et sur laquelle nous n'aurons plus à revenir, que les énonciations du casier judiciaire n'ont de valeur qu'à titre de renseignement ; il ne faudrait pas, non plus, s'attacher à la qualification donnée sur le casier à certains faits ; ainsi le délit puni par le § final de l'article 401 et constituant par conséquent un vol, porte sur les casiers judiciaires des dénominations diverses qui pourraient faire croire à un délit spécial ; il n'en est rien, et il n'y a pas lieu de prendre les énonciations en considération.

12. Création d'un nouveau délit. — Son assimilation au vagabondage (art. 4 § final). — L'article 4 dernier paragraphe est ainsi conçu : « Sont considérés comme gens sans aveu et seront punis des peines édictées contre le vagabondage tous individus qui, soit qu'ils aient ou non un domicile certain, ne tirent habituellement leur subsistance que du fait de pratiquer ou faciliter sur la voie publique l'exercice de jeux illicites ou la prostitution d'autrui sur la voie publique. » Le vote de ce paragraphe a été précédé d'une discussion assez confuse sur laquelle il est nécessaire de revenir, si on veut en bien pénétrer le sens.

C'est un fait malheureusement trop certain que dans toutes les villes un grand nombre d'individus ne vivent habituellement que de la prostitution d'autrui ; on peut en évaluer le nombre, pour Paris seulement, à 30 ou 40.000, avec la certitude d'être au-dessous de la vérité. Cette turpitude a existé de tout temps, mais elle s'est développée dans ces dernières années avec une rapidité tellement effrayante qu'il s'est produit contre ceux que l'on désigne vulgairement par le terme de souteneurs une véritable explosion d'indignation publique. On a compris qu'il était grand temps de réagir contre ces immondes scélérats et les promoteurs de la loi sur les Récidivistes ont pensé qu'il était possible de frapper du moins comme vagabonds, en donnant une définition large du vagabondage, ceux d'entre eux qui vivent de la prostitution des femmes sur la voie publique. Déjà on avait essayé de leur appliquer l'article 270 du Code pénal qui exigeait trois conditions : absence de domicile certain, absence de moyens d'existence, absence habituelle de métier ou de profession. Les tribunaux, appelés à se prononcer sur la question, hésitaient ; la jurisprudence était bien fixée en ce sens qu'elle interprétait les mots moyens d'existence dans le sens de « moyens d'existence avouables » et qu'un individu traduit devant les tribunaux pour vagabondage n'aurait pu éviter l'application de l'article 270, en alléguant qu'il avait pour moyens d'existence la prostitution d'une femme. Mais, d'autre part, la jurisprudence résistait sur la question de domicile ; il semblait aux tribunaux, et avec raison qu'ils ne pouvaient refuser au souteneur vivant avec la femme qu'il exploite, le bénéfice du domicile certain, par lequel il échappait à l'application de l'article 270.

C'est pour vaincre ce scrupule de la jurisprudence que MM. Martin-Feuillée et Waldeck-Rousseau inscrivirent dans leur projet de loi un article ainsi conçu : « L'article 270 du Code Pénal est ainsi modifié : Les vagabonds, gens sans aveu sont ceux qui n'ont ni domicile certain, ni moyens de subsistance, soit qu'ils n'exercent habituellement aucune profession, soit qu'il vivent du jeu ou de la prostitution sur la voie publique. » Ce texte fut accepté par la commission de la Chambre des députés avec une légère modification : « Les vagabonds ou gens sans aveu sont ceux qui n'ont ni domicile certain ni moyens de subsistance et qui n'exercent habituellement ni métier ni profession, ou bien qui tirent profit habituels de jeux illicites ou prohibés sur la voie publique ou de la prostitution d'autrui sur la voie publique. » Ainsi rédigé l'article était parfaitement compréhensible; cependant il n'énonçait pas suffisamment que la dernière ligne : « ou bien qui tirent profit, etc. », était absolument indépendante des trois conditions rappelées précédemment et constituant le vagabondage au sens de l'article 270; on pouvait croire à la rigueur que l'alternative s'appliquait seulement à la dernière des conditions (le défaut de profession), et que le souteneur justifiant d'un domicile certain ne tombait pas sous le coup de la nouvelle loi. Telle n'était pas l'intention du rédacteur de l'article, mais ce malentendu donna lieu à une discussion qui ne fit que rendre l'obscurité plus grande; M. Andrieux, dans la séance du 27 juin 1883, s'attacha à démontrer que, loin d'étendre la catégorie des individus punissables pour vagabondage, le projet la restreignait en deçà même des limites acceptées par la jurisprudence.

« La jurisprudence, disait-il, a toujours reconnu aux tribunaux le droit d'apprécier si la profession et les moyens d'existence qu'invoque le prévenu sont avouables, le droit de condamner comme vagabond par exemple un individu ayant des ressources certaines, si ces ressources ont une cause honteuse, quelle qu'elle soit ; le texte nouveau supprime cette liberté d'appréciation, et en face d'un de ces hommes qui réunissent d'autre part toutes les conditions constituant l'état de vagabondage, voici dans quelle situation se trouve le tribunal si le prévenu dit : Vous prétendez que je suis sans moyens d'existence ; je demande à prouver que je me suis prostitué habituellement ; le tribunal sera obligé de l'entendre, d'accepter ses explications et de prononcer l'acquittement ». Et à ce moment, un député, qui seul paraît avoir été près de mettre le doigt sur la véritable question et d'indiquer la portée de l'article dans l'intention de rédacteur, M. Sourigues, interrompit M. Andrieux pour lui dire : « Mais s'il a un domicile, qu'arrivera-t-il ? » M. Andrieux : « S'il a un domicile, il n'est pas vagabond ». — M. Sourigues : « Alors il pourra se prostituer impunément ou vivre de la prostitution d'autrui ? » — M. Andrieux : « Messieurs, si vous voulez créer un nouveau délit, si vous croyez devoir et pouvoir atteindre la prostitution, c'est une autre question, modifiez à cet égard les dispositions du Code pénal, mais il s'agit ici d'un délit de vagabondage et de l'article

270 de la législation écrite depuis 1810 dans notre Code pénal. » M. Andrieux se trompait ; il s'agissait bien en effet de modifier le Code pénal, comme le projet Waldeck-Rousseau le disait d'ailleurs en toutes lettres ; il s'agissait bien de créer un nouveau délit qui n'avait avec le vagabondage de commun que le nom ; seulement la commission avait procédé avec une timidité peut-être excessive, et son rapporteur n'osait pas affirmer nettement que l'article visait les souteneurs même ayant un domicile certain, pourvu que les femmes dont ils vivent fussent de celles qui exercent leur métier sur les trottoirs. Faute d'avoir bien compris cette idée, la Chambre repoussa l'article.

Mais il eut la bonne fortune d'être repris comme amendement devant le Sénat par M. Bozérian, qui, cette fois, le rédigea dans une forme d'une limpidité absolue : « Sont assimilés aux vagabonds ou gens sans aveu et passibles des peines édictées par l'article 277 du Code pénal et par la présente loi les individus connus sous la dénomination de souteneurs, qui vivent de la prostitution d'autrui. » Cette rédaction avait un triple mérite, dont le premier est heureusement passé dans la loi : elle créait très nettement un nouveau délit, elle désignait nettement les individus qu'elle entendait atteindre, elle les punissait d'une peine plus sévère que celle du vagabondage ordinaire (article 277 au lieu de l'article 270), et dont le seul défaut, aux yeux de tous ceux qui sont au courant de ces choses, était d'être encore infiniment trop douce. Le ministre de l'intérieur crut devoir la combattre, parce que l'expression de souteneur, qui effrayait la pudeur d'un certain nombre de sénateurs, lui paraissait susceptible d'une interprétation trop large et aussi parce que le texte de M. Bozérian ne visait pas les individus qui vivent de jeux illicites sur la voie publique ; mais le ministre n'en déclarait pas moins qu'il était absolument d'accord avec M. Bozérian sur la portée de l'article : « Ce qui divise la commission, le gouvernement et l'honorable M. Bozérian, dit-il, c'est la question de forme, c'est l'expression à donner à cette volonté formelle du législateur, que l'honorable M. Bozérian croit suffisamment définir par une qualification introduite dans son amendement, et qu'il nous semble préférable d'atteindre en mettant dans la loi quelque chose de plus et une définition plus serrée. » C'est à la suite de ces explications que l'article fut adopté dans sa forme actuelle ; aucun doute ne peut donc subsister sur sa portée : il ne s'agit plus, même en apparence, de modifier l'article 270 ; l'article 270 reste ce qu'il est, mais à côté de lui, et sous le même titre, ou plutôt sous un titre voisin — car il est à remarquer que notre paragraphe ne dit pas que les souteneurs sont des vagabonds, mais bien des *gens sans aveu*, ce qui est, en réalité plus exact — un délit nouveau est créé. Examinons de plus près en quoi il consiste.

13. Examen des éléments du délit de jeu sur la voie publique ou de proxénétisme (art. 4 § final).— D'abord, la question de domicile et celle de profession sont écartées (Seront punis, dit la loi, tous individus qui, *soit* *qu'ils aient ou non domicile certain*, etc.); il s'agit d'un délit qui est complet en lui-même et pour l'appréciation duquel ces deux conditions, essentielles en matière de vagabondage, sont sans influence. Ensuite, la loi prévoit deux cas : le cas de l'individu qui vit habituellement de prostitution, et le cas de celui qui vit habituellement de jeux illicites. On a fait observer avec raison que ces individus seront souvent les mêmes : joueurs de bonneteau pendant le jour, souteneurs pendant la nuit, ils tombent souvent à ce double titre sous l'application du même paragraphe ; il n'est cependant pas mauvais d'avoir puni les deux faits, parce que cela permettra en tous cas de rechercher plus efficacement les coupables. M. Bozérian a fait, en ce qui concerne les individus vivant de jeux illicites, une objection qu'on peut ainsi résumer : Ou bien ces jeux illicites sont de purs jeux de hasard et comme tels constituent une simple contravention punie par l'article 476 C. P., et alors il est bien sévère d'augmenter d'une façon aussi grave la peine prononcée ; ou bien ce sont des jeux dans lesquels la fraude entre pour une certaine part, et alors les délinquants pouvant être poursuivis comme escrocs par application de l'article 405 C. P., il est inutile de prononcer une seconde fois contre eux une peine qui d'ailleurs, est moins sévère que celle de l'article 405. M. Waldeck-Rousseau, ministre de l'intérieur, lui répondit, de la manière la plus catégorique, qu'en effet l'intention du gouvernement et de la commission était bien de faire passer de la catégorie des contraventions dans la catégorie des délits le fait de tenir sur la voie publique un jeu sans y être autorisé, alors même que ce jeu ne présenterait pas les caractères constitutifs de l'escroquerie. La déclaration du ministre sur ce point est d'une importance considérable : « L'honorable M. Bozérian semble croire, dit-il, qu'on ne devrait atteindre que l'exercice des jeux illicites s'accomplissant dans des conditions telles qu'on pourrait relever contre celui qui les pratique le délit d'escroquerie. Je reponds non ; il y a là deux faits parfaitement distincts et qu'il ne faut pas confondre...

«J'affirme que la police, après un examen très attentif de la façon dont procèdent les bonneteurs, a pu relever contre un certain nombre d'entre eux ce qu'on pourrait également relever contre certaines personnes qui tiennent d'autres cartes et jouent un autre jeu : une habileté excessive qui devient alors constitutive de l'escroquerie ; mais elle a reconnu qu'il y a aussi une sorte d'adresse, en elle-même ne pouvant pas être considérée comme constituant un délit d'escroquerie, et qui, parce que le jeu est pratiqué sur une voie publique, qu'on fait appel aux paysans dans un marché ou dans une foire, ou encore à des enfants ou à des adolescents qui s'approchent de la table, n'en constituent pas moins un trouble sur la voie publique. Lorsqu'on vient d'établir, dans un marché, dans une foire ou dans une fête, une table sur laquelle on pratique des jeux sans autorisation, on se livre précisément à un de ces exercices, un de ces jeux illicites qui doivent tomber sous l'application d'une loi de cette nature. » Ainsi sont passibles des peines de l'article 270 du Code pénal les individus qui tiennent sans autorisation des jeux sur la voie publique, à la condition toutefois que ce soit, sinon leur seul métier, du moins leur métier habituel. Le nouveau délit, aussi bien en ce qui concerne les bonneteurs qu'en ce qui concerne les souteneurs, est en effet un délit d'habitude ; il appartiendra aux tribunaux d'apprécier souverainement quels sont les faits qui suffisent pour qu'on puisse dire qu'un individu ne tire habituellement sa subsistance que du jeu ou de la prostitution. Les règles applicables seront les mêmes que pour les délits d'habitude ordinaires ; rappelons seulement que, d'après une jurisprudence aujourd'hui certaine, le tribunal n'a pas besoin de décrire et de spécifier les faits d'où résulte pour lui l'habitude, mais qu'il faut et il suffit pour échapper à la censure de la Cour suprême, qu'il constate en fait que cette habitude a existé, sans qu'il soit nécessaire d'en dire plus.

Il faut que le jeu illicite ait été pratiqué sur la voie publique pour que notre paragraphe soit applicable ; nous croyons qu'il ne faut pas entendre le mot *voie publique* dans un sens restrictif ; ainsi il arrive fréquemment que des voies publiques, surtout dans les quartiers excentriques des grandes villes sont bordées par des terrains vagues et non clos ; si un individu pratiquant des jeux illicites établissait sa table au bord de la route, mais sur le sol du terrain vague, ce qui en fait se produit souvent, il ne nous paraît pas douteux qu'il ne pourrait pas exciper de cette situation pour échapper aux peines de l'article 270 ; telle n'a certainement pas été l'intention du législateur qui a évidemment voulu atteindre dans l'article dont nous nous occupons tous les jeux pratiqués sans autorisation, *hors des maisons, en public,* par opposition aux jeux pratiqués à *l'intérieur des maisons* et qui restent soumis à la législation du Code pénal. Nous n'hésitons donc pas à admettre également que les individus qui pratiquent en chemin de fer le genre de jeu dit « la consolation » ou toute autre espèce de jeu auquel le public se trouvant dans le wagon est convié et même souvent sollicité d'une manière extrêmement importune, tombent incontestablement sous l'application du § final de l'article 4.

Il nous reste à rechercher, et c'est un point fort délicat, dans quelles conditions le souteneur doit se trouver pour être puni en vertu du même paragraphe ; il faut, nous dit la loi, qu'il ne tire habituellement sa subsistance « que du fait de pratiquer ou faciliter sur la voie publique l'exercice de jeux illicites, ou la prostitution d'autrui sur la voie publique. » On voit immédiatement à la lecture de cette phrase que les deux cas visés par la loi, le souteneur et le bonneteur, se trouvent confondus dans une même rédaction ; le premier soin doit donc être de disjoindre soigneusement les deux questions.

Le mot *pratiquer* vise uniquement celui qui tient des jeux illicites, il ne vise que lui, car le souteneur ne pratique pas la prostitution, il la facilite : et justement le mot *faciliter* vient immédiatement après celui de pratiquer, pour indiquer qu'il s'applique plus particulièrement au souteneur. Donc 1er cas : Celui qui ne tire habituellement sa subsistance que du fait de pratiquer sur la voie publique l'exercice de jeux illicites — c'est le cas dont nous nous sommes déjà occupés ; 2ᵉ cas : Celui qui ne tire habituellement sa subsistance que du fait de faciliter la prostitution d'autrui sur la voie publique. L'article étant ainsi analysé prévoit des hypothèses bien nettes ; mais dès que l'on veut fondre ensemble ces deux hypothèses on se heurte à des difficultés de rédaction dont il est fort difficile de sortir. Construit comme il l'est, l'article présente cet inconvénient de répéter deux fois à une ligne d'intervalle les mots: sur la voie publique, sans qu'au premier abord on se rende compte de cette nécessité ; la première fois, la façon dont ces mots sont placés semblerait indiquer qu'ils se rapportent aux mots « tous individus qui... », et en effet ils se rapportent bien « aux individus qui pratiquent l'exercice de jeux, etc. » ; il est nécessaire qu'il s'y rapportent, puisque c'est précisément le fait de pratiquer ces jeux sur *la voie publique* qui est constitutif du délit ; mais, en revanche, ils ne se rapportent pas le moins du monde aux « individus qui facilitent la prostitution, etc., » et la meilleure preuve qu'ils ne s'y rapportent pas, c'est qu'on les a répétés à la fin de l'article, ce qui eût été inutile, si on avait entendu considérer, à l'égard de ces individus vivant de la prostitution d'autrui, que l'exercice de leur métier sur *la voie publique* devait être constitutive du délit.

Car il est bien évident que ceux des souteneurs qui exercent leur métier sur la voie publique ne peuvent l'y exercer qu'à l'occasion de filles raccolant les passants sur la voie publique ; sans cela on ne comprendrait pas pourquoi le souteneur exercerait son métier sur la voie publique ; si donc on veut rapporter les mots « sur la voie publique » la première fois qu'ils se présentent aux individus qui « facilitent » aussi bien qu'aux individus qui « pratiquent... », de façon à faire de ces mots *sur la voie publique* un élément constitutif du délit aussi bien dans un cas que dans l'autre, l'article doit logiquement se terminer après les mots : « prostitution d'autrui » — et l'adjonction une seconde fois des mots « sur la voie publique » est injustifiable. Si au contraire, comme le bon sens l'indique, on rapporte les mots la première fois, aux individus vivant du jeu seulement, alors on comprend très bien la nécessité où s'est trouvé le législateur de les répéter à la fin de l'article, parce que s'il ne les avait pas répétés, son article se serait appliqué non pas seulement à ceux qui vivent de la prostitution d'autrui exercée sur la voie publique, mais d'une manière générale, à tous ceux qui vivent de la prostitution d'autrui. Or ce n'est pas là ce que le législateur voulait, d'abord parce que la recherche du délit aurait donné lieu à des investigations scandaleuses et impossibles, et ensuite parce que l'expérience a démontré qu'en cette matière le véritable danger est dans la rue et non dans les maisons.

S'il était besoin de fortifier cette démonstration, on n'aurait qu'à se reporter à la rédaction primitivement proposée par M. Waldeck-Rousseau (citée plus haut) pour se convaincre que l'intention du législateur n'a pas été douteuse : il a toujours été question d'atteindre le proxénète vivant de la prostitution exercée sur la voie publique et à n'atteindre que celui-là. Seulement ce qui a jeté quelque obscurité sur la discussion, c'est que certains membres du Sénat ont paru croire, et M. Waldeck-Rousseau avec eux, que les individus en question n'exerçaient guère leur métier que sur le trottoir ; c'est vrai en ce sens qu'on peut les voir rentrer chez eux en compagnie des filles qu'ils viennent chercher, mais c'est faux en ce sens qu'il est fort rare que ces individus s'imposent la fatigue et l'ennui de se promener des nuits entières ; ils se réunissent en général dans un cabaret situé de façon à leur permettre d'opérer leur surveillance et passent leurs soirées à boire et à jouer entre eux ; ils ne sont pas, à proprement parler, sur la voie publique, et, si on ne pouvait les atteindre que sur la voie publique, on ne les atteindrait jamais. C'est uniquement pour rendre sa pensée plus vive et plus saisissante que M. Waldeck-Rousseau, dans la séance du 13 février 1885, répétait à plusieurs reprises au Sénat qu'il entendait fapper le vagabondage « pris en une sorte de flagrant délit », que pour être relégué il ne suffirait même pas « d'avoir été pris cinq fois sur le trottoir se livrant à cette horrible industrie », mais la véritable portée de l'article résulte de ses termes mêmes, des termes des divers projets qui l'avaient précédé, de la définition enfin qu'en a donnée M. Bozérian, disant au Sénat, avec l'approbation unanime : « Vous voulez atteindre les individus qui tirent habituellement leur subsistance de la prostitution d'autrui *exercée* sur la voie publique. » En résumé nous dirons que le mot « pratiqué » et les mots « sur la voie publique » la première fois qu'ils se rencontrent s'appliquent uniquement aux individus vivant du jeu ; que le mot « faciliter » tout en pouvant s'appliquer aussi, s'applique plus spécialement aux individus vivant de la prostitution, et qu'enfin les mots « sur la voie publique » à la fin de l'article se rapportent uniquement aux mots « prostitution d'autrui. » Quelque répugnance que ce sujet puisse inspirer, nous devons faire remarquer incidemment que c'est avec intention que le législateur a employé les mots : prostitution d'autrui, au lieu de ceux de : prostitution des femmes. Nous devons faire remarquer en second lieu, et cela résulte de tout ce qui précède, que lorsque la loi parle de prostitution sur la voie publique, elle entend parler du cas où des personnes *s'offrent* sur la voie publique, soit que l'acte soit ensuite consommé dans un lieu clos ou non ; il ne peut entrer dans l'esprit de personne que la loi ait voulu prévoir uniquement le cas où l'acte de débauche serait consommé sur la voie publique, d'abord parce que ce cas n'est pas heureusement le plus fréquent, et ensuite parce que tombant déjà sous le coup de la loi à titre de complicité d'outrage public à la pudeur, il eût été inutile de le prévoir une seconde fois. Cette explication a d'ailleurs été donnée formellement au parlement.

Il est certain que dans la pratique les individus qui seront arrêtés en vertu du paragraphe dont nous nous occupons seront presque toujours pris en flagrant délit ; mais le langage tenu par le ministre de l'Intérieur au Sénat pourrait faire croire qu'on ne peut concevoir ce délit autrement qu'à l'état de flagrant délit. Or il n'en est rien ; la justice peut avoir la preuve qu'un individu tire habituellement sa subsistance du fait de faciliter la prostitution d'autrui sur la voie publique, autrement que parce qu'il aura été vu se livrant à ce métier. Elle peut avoir cette preuve notamment par la déposition des femmes victimes ou protégées — c'est la même chose — de cet individu, qui auront été entendues en témoignage à propos d'une autre affaire. Prétendra-t-on que dans ce cas on ne puisse procéder contre lui par les moyens que donne le Code d'instruction criminelle lorsqu'il n'y a pas flagrant délit ? Ce ne serait pas admissible ; il faudrait pour amener un semblable résultat un texte formel qui n'existe pas et que personne n'a songé à faire, parce qu'il n'aurait aucun intérêt ; si donc le ministre a devant le Sénat insisté particulièrement sur le flagrant délit, c'est simplement parce que le flagrant délit devant être l'état habituel dans lequel les délinquants seront trouvés, cet état a frappé plus particulièrement son esprit ; la plupart du temps, en effet, les agents de police verront les individus dont nous nous occupons surveiller le trottoir de l'intérieur d'une maison et les arrêteront sur-le-champ ; mais ce mode de procéder n'est nullement exclusif de tout autre, et rien n'empêcherait, par exemple, de dresser procès-verbal des renseignements donnés par des passants, d'ouvrir une information et de faire arrêter le délinquant à son domicile, en vertu d'un mandat délivré par le juge d'instruction.

14. Exclusion des condamnations politiques des causes de relégation (art. 3). — La loi s'est préoccupée, d'une façon toute particulière, d'éviter avec soin que, dans des circonstances quelconques, on pût être tenté d'appliquer la relégation pour des crimes ou délits ayant un caractère politique ; ce point a été, on peut le dire, l'objet de la sollicitude la plus vive du législateur. Le projet de loi déposé au nom du Gouv ernement par MM. Fallières et Devès portait déjà que « les crimes et délits politiques ne seront comptés, en aucun cas, pour la relégation ». Cette disposition ne parut pas suffisante ; on fit observer qu'il pouvait arriver qu'à la suite d'émeute, des individus fussent condamnés pour des délits ou crimes de droit commun, comme ceux de violation de domicile, d'incendie volontaire, et, « alors les crimes ou délits n'auraient été commis que sous l'influence des circonstances politiques, sans lesquelles ils ne se seraient pas produits ; il est évident que, quelle que soit la culpabilité des auteurs de ces crimes, elle ne permet pas raisonnablement de relever contre eux cette présomption d'incorrigibilité qui est la base et la raison d'être de la loi. Ces observations furent présentées à la Chambre des députés avec succès par M. Gatineau ; elles empruntaient d'ailleurs un grand poids au souvenir de l'insurrection de 1871. C'est pour leur donner la rédaction actuelle avec laquelle il est manifestement impossible que la situation qu'on redoutait puisse se produire, surtout si l'on rapproche la disposition de l'article 3 de celle de l'article 2, qui défend aux conseils de guerre de prononcer la relégation.

Les condamnations pour crimes ou délits politiques, dit l'article 3, *ou pour crimes ou délits qui leur sont connexes*, ne seront, en aucun cas, comptées pour la relégation. Il sera toujours facile à un tribunal de reconnaître, parmi les condamnations figurant au casier judiciaire, celles qui ont le caractère de condamnations politiques; les peines seules suffiraient à l'indiquer; mais il n'en est pas de même des condamnations pour faits connexes à des crimes ou délits politiques. L'article 227 du Code d'Instruction criminelle définit la connexité dans des termes qui permettent absolument aux tribunaux de statuer par des jugements séparés sur des faits connexes et même sans faire mention de la connexité, et l'article 226 d'ailleurs, en disant que la Cour statuera par un seul et même arrêt sur les délits connexes *dont les pièces se trouveront en même temps produites devant elle*, indique suffisamment la possibilité de décisions séparées pour des faits connexes. Il sera donc impossible à un tribunal, à la seule inspection du casier judiciaire, de statuer sur l'exception de connexité avec des crimes ou délits politiques, si elle est présentée par le prévenu ; dans les cas où cette exception sera présentée, le tribunal devra en rechercher la base dans les motifs des jugements ou arrêts, à l'occasion desquels la connexité sera invoquée. Mais il peut arriver que cette recherche même ne soit pas suffisante ; il n'y a pas, nous l'avons vu, de règles sacramentelles pour la connexité, et un jugement est suffisamment motivé lorsqu'il constate en fait que les éléments constitutifs du délit reproché existent dans la cause ; il n'est pas nécessaire qu'il analyse toutes les circonstances accessoires dans lesquelles le délit s'est produit; d'ailleurs, lorsqu'il s'agira d'un arrêt de Cour d'assises, cette analyse ne pourra jamais se rencontrer. Il faut donc incontestablement reconnaître au tribunal saisi de l'exception de connexité le droit d'examiner non-seulement les motifs du jugement ou de l'arrêt rendu pour un fait prétendu connexe à un crime ou délit politique, mais encore le droit et le devoir d'examiner la procédure à la suite de laquelle la condamnation est intervenue, car pour former sa conviction sur ce point aucun élément déterminé ne lui est prescrit et il peut trouver où bon lui semble la base d'une déclaration de connexité. Nous croyons même qu'à raison de ce droit absolu du tribunal qui statue sur la relégation, de déclarer que telle ou telle condamnation a été encourue pour fait connexe à un crime politique il y aurait défaut de motif de la part du jugement qui rejeterait l'exception proposée, « attendu qu'elle ne résulte pas du jugement ou de l'arrêt visés » : il doit déclarer d'une manière absolue qu'il n'y a pas connexité, mais toute expression qui impliquerait que son examen a été limité devrait être soigneusement bannie. Bien entendu ce droit absolu d'examen n'autoriserait cependant pas à rendre une décision contradictoire avec la décision examinée, dans le cas exceptionnel où celle-ci mentionnerait expressément qu'il n'y a pas connexité ; mais cette limitation est la seule qui doit être apportée à la liberté du tribunal saisi de l'exception.

15. Effets de la grâce et de la réhabilitation sur la relégation (art. 5). — Les condamnations qui auront fait l'objet de grâce, commu-

tation ou réduction de peine seront néanmoins comptées en vue de la relégation (art. 5). On a essayé de soutenir que cette disposition était illégale
comme portant atteinte à l'article 3 de la loi constitutionnelle du 25 février
1875 qui porte : « Le Président de la République a le droit de faire grâce ».
Ce reproche n'est pas soutenable, en présence de la disposition de l'article
15 qui permet précisément au Président de la République de faire grâce
de la relégation. De ce que la constitution donne en effet au Président de
la République le droit de grâce, il n'en résulte pas que le pouvoir législatif
ait perdu le droit d'indiquer suivant quel mode ce droit sera exercé. On ne
peut même pas dire que la disposition de l'article 5 est exceptionnelle, car
en général la grâce de la peine principale n'est pas considérée comme
entraînant *de plano* la grâce de la peine accessoire, à plus forte raison
dans notre cas où la peine accessoire résulte non pas de telle ou telle condamnation, mais d'un ensemble de condamnations, comment veut-on qu'un
individu condamné pour la première fois à 4 mois de prison et grâcié en
1880, puis condamné ensuite trois fois à la même peine pour le même
délit puisse soutenir aujourd'hui qu'en le grâciant en 1880, le Président de
la République a entendu expressément le dispenser d'une peine accessoire
qu'il n'encourait pas et qu'il n'a encouru que cinq ans plus tard ! Tout au
plus pourrait-il tenir ce langage si le Président de la République l'avait
grâcié de toutes les peines encourues pendant la période de 1880 à 1885.
La loi porterait atteinte à la Constitution si elle défendait au Président de
la République de faire grâce de la relégation, mais loin de le faire, elle
reconnaît expressément le droit du chef de l'État, et sa volonté d'une manière précise et non équivoque ; rien n'est plus correct que cette disposition.
Elle est d'ailleurs copiée sur celle de l'article 6 de la loi du 30 mars 1854
qu'on ne peut pas plus accuser d'inconstitutionnalité.

Si la grâce des peines principales n'est pas suffisante pour empêcher *de
plano* ces condamnations de compter en vue de la relégation, le texte prend
soin de nous dire qu'il n'en est pas de même de la réhabilitation, en vertu
de laquelle, suivant l'expression très juridique employée par l'article 5, ces
condamnations sont « effacées. » Ce n'est là que l'application des principes
généraux du droit en matière de réhabilitation. Cet article vise évidemment
le cas où il s'agit d'une réhabilitation s'appliquant à l'une des peines qui
compteraient en vue de la relégation, mais non pas à la dernière, non pas
à celle en même temps que laquelle la relégation aurait été prononcée.
Autrement le principe de la relégation, qui est la perpétuité, aurait été
purement illusoire ; si la loi n'a pas spécifié ce point, c'est qu'elle a considéré que la réhabilitation en cours de peine n'étant pas admise par le Code
d'instruction criminelle, la peine perpétuelle exclut la réhabilitation, et que
par conséquent le condamné, une fois relégué, ne peut être réhabilité, sans
qu'il soit besoin de le dire. Toutefois on aurait pu peut-être soutenir que la
relégation n'étant pas à proprement parler une peine, mais une sorte de
déchéance résultant d'une peine, rien n'empêcherait le condamné de se

faire relever de la relégation en remplissant les conditions voulues pour la réhabilitation ; cette opinion, si fausse qu'elle soit, ne saurait d'ailleurs se produire en présence d'un article ajouté par le Sénat, dont nous parlerons plus loin, l'article 16 (et que nous critiquerons même à certains égards), qui organise spécialement en vue de la relégation une sorte de réhabilitation : puisque le Sénat a jugé nécessaire d'introduire cette disposition pour éviter la perpétuité de la relégation dans les cas où le relégué fait preuve d'un amendement sérieux, c'est qu'il a interprété l'article 5 dans le sens de l'impossibilité de la réhabilitation, sans quoi l'article 16 était inutile. Du reste, du moment que l'article 5 parle de condamnation devant ou ne devant pas compter en vue de la relégation, c'est qu'il se place au moment où la relégation va être prononcée et non pas après ; or, à ce moment, il ne peut être actuellement question de réhabilitation que pour les peines antérieures à celle qui va faire prononcer la relégation.

Il va sans dire qu'il faut étendre à l'amnistie, et à plus forte raison, ce que la loi dit de la réhabilitation ; l'amnistie efface aussi, et rétroactivement, les peines, et elle aurait même cet effet incontestable de faire cesser la relégation commencée, si elle intervient à un moment quelconque où la peine est subie. La loi n'en a pas parlé parce qu'il est inutile de régler par des textes spéciaux des questions dont la solution est connue depuis longtemps, et découle de principes incontestables et inconstestés.

16. — Effet du cumul des peines sur la relégation. — Il se trouvera souvent que, parmi les condamnations portées au casier judiciaire, quelques-unes auront été prononcées pour plusieurs délits ; ce sera surtout fréquent lorsqu'il s'agira de condamnations pour vagabondage (vol et vagabondage, vagabondage et mendicité, vagabondage et rébellion, etc.). Si les deux faits pour lesquels une seule peine est prononcée sont tous deux de ceux prévus par l'article 4, aucune difficulté ne pourra se présenter, car il importe peu, au point de vue de la relégation, que l'une des condamnations soit prononcée pour vol ou pour abus de confiance, par exemple, puique la relégation est encourue dans les deux cas. Mais qu'arriverait-il si l'un des deux faits est prévu par l'article 4 et non l'autre, par exemple vol et rébellion ? Le prévenu pourra-t-il soutenir que les 4 mois qu'il a encourus pour ce double délit ne doivent pas compter pour la relégation, parce qu'on ne sait pas, et on ne peut pas savoir si les juges n'ont pas entendu punir plus sévèrement la rébellion que le vol, en sorte que si le vol avait été le seul délit commis, ils n'auraient pas appliqué une peine supérieure à 3 mois ?

Cette question est fort délicate : d'une part, il peut arriver qu'en effet le vol ait été minime, l'autre délit au contraire, très grave ; dans ce cas, il paraît injuste de prononcer la relégation en réalité pour un fait qui, d'après la loi n'y donne pas lieu ; d'autre part, il serait au moins singulier qu'un individu exposé à une peine très grave pour un vol considérable puisse s'exonérer lui-même par son propre fait de la relégation qu'il encourrait, et cela en frappant, par exemple, un agent chargé de l'arrêter, c'est-à-dire en aggravant sa faute. D'ailleurs, l'interprétation habituellement donnée à l'article 365, Inst. cr., semble résoudre la question contre le prévenu. Les mots employés par cet article : « En cas de conviction de plusieurs crimes ou délits, la peine la plus forte sera seule prononcée » impliquent que le tribunal doit prononcer la peine dont le maximum indiqué par la loi est le plus élevé, c'est là la *peine la plus forte* ; donc, en cas de vol et de ré-bellion, par exemple, la peine prononcée quelle qu'elle soit, quant à sa quotité, est la peine du vol et non celle de la rébellion ; il n'y a pas deux peines additionnées ensemble, il n'y en a qu'une, et elle est afférente au délit le plus grave, c'est-à-dire à celui qui comporte d'après le Code pénal la répression la plus forte, ce qui s'indique d'abord par l'élévation du maximum, à égalité de maximum, par l'élévation du minimum, et enfin à égalité de maximum et de minimum, par la gravité de l'amende ou des peines accessoires encourues cumulativement. Cette solution nous semble, malgré sa rigueur, juridique ; si, en effet, on suppose qu'au lieu de différer quant à la quotité, les deux peines diffèrent quant à leur nature, il n'est pas douteux qu'elle s'imposerait : c'est donc la preuve que les termes de l'article 365 ne peuvent être interprétés autrement que dans le sens de la peine la plus forte *d'après la loi* et sans tenir compte de l'atténuation que les juges peuvent y apporter. Dans l'opinion adverse, on est obligé de sou-tenir que l'article 365 signifie simplement que les juges ne peuvent dé-passer, dans la répression de deux délits, le maximum le plus élevé des deux peines portées par la loi ; or, s'il ne signifiait que cela, sa rédaction serait singulière et obscure. Notons en tous cas qu'il y a une hypothèse où la question se trouvera résolue d'elle-même, c'est celle d'une peine dépas-sant le maximum fixé par la loi pour le moins grave des deux délits ; dans ce cas, la pensée du juge est bien évidente, c'est l'autre délit qu'il a en-tendu surtout punir et tout doute est supprimé.

Lorsque l'un des deux délits sera le vagabondage, ne pourrait-on pas soutenir que si l'autre délit ne compte pas pour la relégation, la peine de-vra néanmoins toujours compter, puisqu'une condamnation à une peine d'emprisonnement même de 24 heures pour vagabondage peut toujours compter en vue de la relégation ? Nous ne le croyons pas ; en effet, il serait contraire à l'esprit de l'article 365 de chercher à opérer pour ainsi dire une sorte de ventilation dans la peine prononcée ; cette peine est une ; donc, si le délit le plus grave ne compte pas pour la relégation, on ne peut pas dire que dans les 4 mois prononcés, il y a au moins un jour pour le vagabon-dage ; la vérité juridique semble être que le vagabondage est seulement constaté, mais non puni, que les 4 mois prononcés s'appliquent unique-ment à l'autre délit, et que le vagabondage a dû être pris en considération par le juge uniquement comme circonstance aggravante de ce délit.

La question deviendrait véritablement ardue et même insoluble dans le cas où il s'agirait de deux délits, l'un comptant pour la relégation, l'autre ne comptant pas, et comportant tous deux d'après la loi pénale exactement la même répression, soit en emprisonnement, soit en amende, soit en peines accessoires, en sorte qu'il soit impossible de dire que l'un est puni d'une peine plus forte que l'autre. Dans ce cas, comment dire que l'article 365 a été appliqué? Comment discerner auquel de ces deux délits s'applique la peine unique prononcée? Nous croyons que dans un pareil cas et dans le silence absolu de la loi il y aurait lieu, suivant la règle générale, de faire bénéficier le prévenu du doute.

17. Effet rétroactif de la loi. Dans quelle mesure cet effet se produit (art. 9). — La loi a posé en ce qui concerne la relégation le principe de la rétroactivité; loin d'être considérée comme un oubli des règles du droit, cette disposition nous paraît au contraire absolument logique et conforme au but et à la base de la loi. En effet, nous avons dit que cette base est l'idée que certains individus doivent être considérés comme impossibles à corriger par les moyens dont on dispose sur le territoire continental de la France, et cette présomption est établie par un certain nombre de condamnations. Dès lors, il n'y a pas lieu de penser, il serait même contraire à l'esprit de la loi d'admettre un instant que des individus qui sont aujourd'hui dans ce cas d'incorrigibilité n'y seront plus demain. C'est le cas ou jamais de ne pas appliquer la règle de la non rétroactivité des lois. Remarquons d'ailleurs que cette règle n'est pas constitutionnelle, elle ne s'impose pas au pouvoir législatif, elle est faite au contraire pour suppléer au silence du législateur et ne s'applique de droit que s'il n'en décide pas autrement; or, nous venons de voir qu'il y avait ici un motif sérieux et logique pour en décider autrement. Cette rétroactivité n'est cependant pas absolue; on peut admettre en effet que si les tribunaux avaient pu connaître à l'époque où ils ont statué quelle serait la conséquence et leurs décisions, ils auraient peut-être sévi avec moins de rigueur, et que par, conséquent ce serait dans certains cas mal interpréter leur pensée que de reléguer immédiatement les individus qui se trouvent aujourd'hui dans les conditions voulues pour la relégation.

Aussi la loi après avoir posé dans l'article 9 le principe de la rétroactivité, ajoute : « néanmoins, tout individu qui aura encore avant cette époque (l'époque de la promulgation de la loi) des condamnations pouvant entraîner dès maintenant la relégation, n'y sera soumis qu'au cas de condamnation nouvelle dans les conditions ci-dessus prescrites. » Que veulent dire ces derniers mots? Ils ne signifient pas que les individus se trouvant au moment de la promulgation de la loi dans les conditions voulues pour être relégués devront l'être si dans l'avenir ils sont condamnés soit aux travaux forcés ou à la réclusion, soit à l'emprisonnement pour faits qualifiés crimes, soit à plus de trois mois de prison pour vol, escroquerie, etc. ou à une peine quelconque pour vagabondage. Il ne faut pas, en effet, faire porter les mots « dans les conditions ci-dessus prescrites » sur l'idée de condamnation nouvelle mais bien sur l'idée que la condamnation nouvelle devra avoir pour effet de placer le condamné dans les conditions voulues pour la relégation. Supposons, par exemple, qu'un individu ait subi, au moment de la promulgation de la loi, quatre condamnations à plus de trois mois pour vol, les deux plus anciennes remontant à 1877 ; cet individu est condamné à nouveau en 1889 à plus de trois mois de prison pour vol : c'est bien une condamnation « dans les conditions ci-dessus prescrites », mais cependant ce n'est pas une condamnation mettant l'individu « dans les conditions ci-dessus prescrites » ; en effet, en 1889 il n'aura subi dans les dix ans qui précéderont sa condamnation, et qui commenceront (défalcation faite des peines subies) en 1878, que deux condamnations, plus celle de 1889 ; il ne sera donc pas dans les conditions voulues pour la relégation et elle ne devra pas être prononcée. Mais si au lieu de supposer que cet individu commet un nouveau vol en 1889, nous supposons qu'il en commet un en 1886, et qu'il est puni cette fois encore de plus de trois mois, alors la relégation devra être prononcée parce qu'en remontant à dix ans au-delà nous trouvons cinq condamnations à plus de trois mois pour vol, c'est-à-dire plus qu'il n'en faut pour mettre le condamné dans le cas d'être relégué.

Il faut observer que pour s'exprimer correctement la loi eût dû parler de condamnations encourues avant la *mise en vigueur* de la loi, et non avant sa *promulgation*, car nous verrons précisément qu'elle est destinée à n'être mise en vigueur que quelque temps après sa promulgation. Il est bien évident que les condamnations prononcées après la promulgation et avant la mise en vigueur compteront en vue de la relégation comme celles prononcées avant la promulgation et à plus forte raison.

III. FAITS QUI DISPENSENT DE LA RELÉGATION (articles 6, 8, 13, 15 et 16).

18. Dispense de relégation pour les vieillards et les mineurs, les malades ou infirmes (articles 6, 8 et 18, alinéa 4). — La loi a dû prévoir un certain nombre de cas dans lesquels, pour des motifs divers, la relégation ne devra pas être appliquée, soit définitivement, soit temporairement, à des individus ayant cependant encouru le nombre de condamnations exigées en vue de la relégation. Le premier de ces cas est celui où, à raison de l'âge du condamné, la relégation serait particulièrement dangereuse pour sa vie, et en même temps sans profit pour la colonisation. Tout le monde a été d'accord pour exonérer de la relégation le mineur de 21 ans et le vieillard de plus de 60 ans. On s'était borné à dire dans le principe que la relégation n'est pas applicable aux individus âgés de plus de 60 ans ou de moins de 21 ans ; mais ce texte manquait de précision ou de logique : s'il signifiait en effet que la relégation ne devrait pas être prononcée contre le mineur de 21 ans ou le vieillard de plus de 60, en se plaçant par conséquent au moment du prononcé du jugement, il manquait de logique, car la présomption est que le mineur de 21 ans ne peut subir ledit climat des colonies, mais que le majeur de 21 ans le peut : or le mineur de 21 ans au moment du prononcé de la relégation peut être majeur de 21 ans au moment de l'exécution, puisque, entre le prononcé et l'exécution se place un temps qui peut être fort long, celui de la peine principale à subir ; le même raisonnement s'applique inversement au vieillard de plus de 60 ans, qui peut être propre à la relégation au moment du prononcé de jugement, s'il a 59 ans, et n'y être plus apte au moment de l'exécution, si la peine ayant duré par exemple 2 ans, il se trouve alors avoir 61 ans. Si donc le texte voulait dire qu'il faut se placer, pour juger la question d'âge, au moment du dernier jugement prononcé, il n'était pas logique ; et si au contraire il signifiait qu'il fallait se placer au moment de l'exécution de la relégation, il n'était pas précis, parce qu'il n'indiquait pas si le tribunal devait ou non prononcer quand même la relégation, sauf à l'Administration à ne pas l'exécuter si, après l'expiration de la peine principale il était établi que le condamné se trouvait dans les conditions d'âge voulues pour en être dispensé. Le Sénat a ajouté un membre de phrase qui résout, en partie, du moins la question, et un article qui complète indirectement la solution. « La relégation, est-il dit dans l'article 6 § 1, n'est pas applicable aux individus qui seront âgés de plus de 60 ans ou à moins de 21 ans à *l'expiration de leur peine.* »

Cette disposition est bien celle que la logique réclamait; seulement les tribunaux devront-ils néanmoins prononcer la relégation dans ce cas ? Dire que la relégation n'est pas applicable, ce n'est pas dire qu'elle ne doit pas être prononcée ; il pouvait donc y avoir quelque doute sur le point de savoir si l'appréciation de la question d'âge était donnée aux tribunaux ou à l'Administration, question qui avait son importance, car si ce sont les tribunaux qui sont compétents, l'expiration de la peine s'entendra dans le sens d'expiration *légale,* indépendamment de la grâce qui pourrait intervenir pour avancer *en fait* la fin de la peine ; — si au contraire la relégation est prononcée sauf à l'Administration à ne pas l'appliquer suivant l'âge du condamné à l'expiration de sa peine, alors les mots « expiration de la peine » pourront être entendus dans le sens de cessation *en fait* de la peine, soit par son terme légal, soit par l'effet d'une grâce qui l'aurait abrégée. Ce doute est dissipé par la rédaction de l'article 8, ajouté également par le Sénat, et qui stipule que, dans les cas de dispense de relégation pour cause d'âge, la peine de la relégation sera remplacée par d'autres peines accessoires ; ces autres peines devant bien évidemment être prononcées par les tribunaux, il en résulte que, c'est à eux d'apprécier la question d'âge. D'ailleurs, dans la séance du 10 février 1885 au Sénat, M. Herbette, commissaire du gouvernement, avait demandé à la commission si c'était bien ainsi qu'elle comprenait l'article 6 § 1, et le rapporteur avait répondu affirmativement à deux reprises. Le tribunal ou la cour qui statuera sur le dernier crime ou délit de nature à amener la relégation, devront donc calculer l'âge qu'aura le condamné à l'expiration de la peine qu'ils vont lui infliger, et suivant que le condamné devra alors avoir à cette époque moins de 21 ans ou plus, plus de 60 ans ou moins, ils ne prononceront pas, ou ils prononceront la relégation.

A l'égard du mineur de 21 ans une disposition absolument analogue à celle que nous avons rencontrée à propos de l'effet rétroactif de la loi, a été introduite. « Toutefois, dit l'article 6 § 2, les condamnations encourues par le mineur de 21 ans, compteront en vue de la relégation, s'il est, après avoir atteint cet âge, de nouveau condamné dans les conditions prévues par la présente loi. » Les termes de ce paragraphe sont, on le voit, à peu près identiques aux termes de l'article concernant l'effet rétroactif de la loi ; on devra donc les interpréter absolument dans le même sens, qui est d'ailleurs le seul raisonnable, à savoir que lorsqu'on examinera, à propos d'un condamné, la période de dix ans dont il est question au préambule de l'article 4, il n'y aura nullement à se préoccuper du fait que sa majorité de 21 ans se place au cours de cette période et qu'il y a des condamnations antérieures à cette majorité.

Les peines qui sont destinées à remplacer la relégation pour les mineurs et les vieillards sont, pour les premiers, l'internement dans une maison de correction jusqu'à leur majorité et, pour les seconds, l'interdiction perpétuelle de résidence qui remplace désormais la surveillance de la haute police. Cet article 8 procède, selon nous, d'une idée de justice fort mal comprise ; il ne s'agit pas, on l'a répété à satiété dans toute cette loi sur les récidivistes, d'ajouter un supplément de punition à la punition prononcée par les tribunaux, pour la seule satisfaction de la morale ; si tel était le but de la loi, elle serait inutile, inefficace et injurieuse pour les tribunaux. Il s'agit uniquement d'écarter un danger social et d'offrir à des condamnés une dernière chance d'amendement. Dès lors, quand par des circonstances de force majeure, comme à l'extrême jeunesse ou la vieillesse du délinquant, il sera impossible d'atteindre le but de la loi, il faut dire simplement que la relégation ne s'appliquera pas, mais il ne faut pas avoir la prétention de la remplacer par des équivalents ; la relégation n'a pas d'équivalents ; si elle en avait, il n'aurait pas été besoin de l'inventer, et cette absence d'équivalents possibles est sa seule raison d'être ; l'idée d'ajouter à des condamnations contre un mineur des années de maison de correction, alors qu'on sait ce que vaut le système des maisons de correction, alors qu'il a déjà dépendu du juge d'appliquer cette peine, et qu'il ne l'a pas fait en connaissance de cause, est une idée qui, si l'on y réfléchit un peu, doit être taxée au moins de bizarrerie. La meilleure excuse de cet article 8 est la rareté des cas où il trouvera, quant au mineur, son application ; il est rare en effet qu'un mineur de 21 ans ait entièrement subi, avant sa majorité, le nombre de peines voulues pour la relégation ; sa jeunesse lui sert en général à éviter les peines de longue durée, et si, par des crimes ou des délits d'une gravité exceptionnelle, il a encouru des peines susceptibles de conduire à la relégation, la période qui s'écoule entre l'âge de discernement et la majorité est assez courte pour qu'il n'y ait pas place dans cette période pour des peines de longue durée. En ce qui concerne le vieillard de 60 ans, l'article 8 sera plus fréquemment appliqué, mais il est juste de dire que la peine qu'il prononce dans ce cas, ayant bien réellement du moins le caractère d'une peine accessoire, est moins dure que celle de la détention dans une maison de correction. Cette disposition, pour n'être pas plus logique que l'autre, est pourtant moins insoutenable.

A côté de l'âge, il faut placer, parmi les faits qui peuvent dispenser temporairement ou définitivement de la relégation, la maladie ou les infirmités. Il va de soi que la loi serait véritablement barbare, si elle exposait un malade, si peu intéressant qu'il soit, à une mort certaine, en rendant sa relégation obligatoire avant sa convalescence ; la même raison s'applique avec plus de force encore aux relégués atteints d'infirmités incurables, car à la raison d'humanité vient se joindre la raison d'intérêt, la colonisation n'ayant qu'à souffrir de la relégation d'un individu qui, s'il ne meurt pas, ne produira jamais et coûtera toujours. Mais il eût été indispensable de régler d'avance le point de savoir comment et par qui seront constatées les maladies ou les infirmités dispensant de la relégation ; tel qu'il est rédigé, l'article 18 qui dit que « des réglements d'administration publique détermineront les conditions dans lesquelles le condamné pourra être provisoirement ou définitivement dispensé de la relégation pour cause d'infirmité ou de maladie » doit être considéré comme la brèche par laquelle les adversaires de la relégation s'introduiront dans la loi pour la détruire de fond en comble si l'on n'y prend garde. Déjà nous avons vu une haute personnalité réclamer, avec une honnêteté à laquelle on ne saurait trop rendre justice, la suppression des mots « pour cause d'infirmités ou de maladie », c'est-à-dire, la remise de la loi, faite ouvertement entre les mains de l'administration souveraine. La commission a compris qu'après avoir refusé cette liberté d'appréciation aux tribunaux, accéder à ce vœu eût été faire au pouvoir judiciaire la plus cruelle injure ; mais on peut prévoir le cas où d'autres personnalités, sans demander, avec franchise un blanc-seing pour l'administration, abuseront des termes de l'article 18 pour reléguer ou ne pas reléguer à discrétion : il suffira pour cela, si le réglement d'administration publique n'y met bon ordre, de la complicité toujours facile à trouver, d'un médecin qui certifiera mauvaises les plus robustes santés ; ce n'est un mystère pour personne que la relégation a dans l'administration d'ardents adversaires, ne serait-ce que parce qu'elle bouleverse leurs habitudes, et il eût été bon de prendre contre eux quelques garanties.

19. Dispense de relégation par suite de grâce, de mesures gracieuses temporaires (art. 13 et 15), ou de décision judiciaire (art. 16). — Nous avons déjà vu que le chef de l'État peut, par la grâce, dispenser de la relégation ou y mettre fin ; nous n'avons pas à revenir sur ce point qui est réglé par les articles 5 et 15 conformément aux principes du droit constitutionnel ; ce dernier article prend soin de dire que la grâce pourra intervenir même après l'expiration de la peine principale ;

cette disposition ne peut nuire, mais n'eût-elle pas été insérée expressément dans la loi qu'on aurait dû interpréter le silence du texte dans le même sens, car toute disposition contraire serait certainement inconstitutionnelle.

L'article 16, article ajouté par le Sénat au texte adopté par la Chambre, institue pour les relégués une véritable réhabilitation ; au bout de 6 ans à partir de l'expiration de la peine principale, le relégué pourra obtenir du tribunal de son domicile un jugement mettant fin à la relégation. Cette disposition part évidemment d'un principe éminemment juste et philanthropique ; puisqu'on espère par la relégation amender le condamné, il est humain de faire cesser la peine lorsque, d'après sa conduite, on peut estimer que le but est atteint. Il est permis de se demander cependant si la grâce ne suffisait pas à donner satisfaction au principe ; rien n'empêche le chef de l'Etat d'instituer sur les lieux de relégation des commissions chargées de lui préparer les dossiers et de soumettre à son approbation des mesures gracieuses aussi larges qu'on le voudra; il n'y aura en effet aucune différence entre la relégation prenant fin par la grâce et la relégation prenant fin par une décision du tribunal par application de l'article 16 ; on ne peut pas faire valoir ici les différences existant par exemple entre la grâce et l'amnistie pour soutenir que le système des grâces est insuffisant ; dans notre cas, l'effet de la grâce et de la décision du tribunal sera identique, fera cesser la relégation, rien de plus. Dès lors on peut se demander si l'article 16, en présentant la fin de la relégation au bout de six ans comme une sorte de droit pour le relégué qui s'est bien conduit, n'aura pas le mauvais effet d'affaiblir singulièrement l'intimidation salutaire que doit produire et que produit la loi. Puis il faut considérer quelles difficultés il créera pour le tribunal chargé de l'appliquer ; la loi dit bien que cette dispense de relégation ne devra être accordée qu'au relégué qui justifiera de sa bonne conduite, de services rendus à la colonisation et de moyens d'existence; mais il ne faut pas se payer de mots; le tribunal se montrera nécessairement très facile sur la troisième condition : un métier est un moyen d'existence. D'autre part, les relégués étant internés une partie du temps, et en tous cas surveillés de très près, un grand nombre pourra justifier de sa bonne conduite, l'occasion de faire le mal ne se rencontrant par sous l'œil du surveillant; et quant aux services rendus à la colonisation, si on les fait travailler aux routes ou au défrichement des forêts, tous auront rendu des services à la colonisation sans qu'aucun puisse dire que ses services sont véritablement exceptionnels ; quelle règle pourra dès lors adopter le tribunal, et sur quelles bases fondera-t-il ses décisions ? En résumé, ou bien l'article 16 a entendu viser un très grand nombre de relégués, et alors il détruit le principe même de la loi qui est la perpétuité de la peine; ou bien il ne doit au contraire, dans la pensée du législateur, s'appliquer qu'à des cas tout exceptionnels, dans lesquels il s'agira de donner à un relégué non-seulement amendé, mais ayant rendu de vrais services, une récompense rare et bien méritée, et alors il fait double emploi avec le droit de grâce du Président de la République. L'article 16 ajoute que les formes et conditions de la demande seront déterminées par un règlement d'administration publique ; espérons que ce document dégagera d'une façon plus nette que l'article 16 le parti que le Gouvernement entend tirer de cette disposition.

Indépendamment des textes que nous venons d'examiner et qui dispensent définitivement, dans les cas déterminés, le condamné de la relégation, une dispense temporaire peut intervenir ; elle est prévue par l'article 13, qui porte que « le relégué pourra momentanément sortir du territoire de relégation en vertu d'une autorisation spéciale de l'autorité supérieure locale. Le ministre seul pourra donner cette autorisation pour plus de 6 mois ou la réitérer. » Nous aurons à examiner plus tard quel est le ministre compétent ; pour le moment il suffit de noter que, d'après le texte de l'article 13, le gouverneur — ou l'autorité supérieure locale, pour employer les mots mêmes de la loi — peut donner l'autorisation pour six mois au plus et ne peut la réitérer ; au contraire, le droit du ministre n'est limité que par le mot « momentanément ; » il faut convenir que c'est là une limitation bien vague et qui peut autoriser bien des abus ; il suffira, pour ne pas violer la loi, que le ministre fixe, dans l'autorisation, un délai quelconque, si long qu'il soit ; et encore pourra-t-il toujours la réitérer. Toutefois, la fin de l'article apporte un certain tempérament à ce qu'il peut y avoir d'arbitraire dans le début. Quelle que soit la durée de l'autorisation donnée par le ministre, le relégué ne pourra jamais passer en France plus de six mois avec cette autorisation, et encore, l'article pose en principe que l'autorisation de rentrer en France pour un temps moindre que six mois, ne devra être autorisé « qu'à titre exceptionnel. » Ces quelques réserves faites sur les abus que l'article 13 peut engendrer, il faut reconnaître que, dans son principe, il répond à une nécessité évidente d'humanité. Il est à peine besoin de se demander si la qualité d'étranger serait un obstacle à la relégation. Les étrangers qui commettent des crimes ou des délits en France sont naturellement passibles des punitions qu'édictent les lois françaises, et de même qu'on a vu de tout temps des étrangers subir en France des peines d'emprisonnement et aux colonies françaises la peine des travaux forcés on leur verra de même appliquer la relégation sans que cela puisse soulever la moindre réclamation. Bien entendu, tant pour les étrangers que pour les Français, les condamnations prononcées par les tribunaux français compteront seules pour la relégation. « Nous ne pouvons, » comme le disait M. Waldeck-Rousseau, « faire état contre l'individu arrêté sur notre territoire pour un délit commis en France, de condamnations prononcées à l'étranger par des tribunaux dont l'autorité ne s'impose pas à nous et dont les décisions ne sont pas exécutoires sur notre territoire. »

20. Relégation des femmes.— Elle est prononcée par la loi comme celle des hommes. — Nous ignorons si l'on osera prétendre que la loi de

1885 n'impose pas la relégation des femmes ; en tous cas il est bon, en présence de certaines tendances manifestées par la mauvaise exécution de la loi de 1854, de montrer même surabondamment qu'on n'a jamais considéré dans la loi de 1885 les femmes comme dispensées de la relégation. L'article 4 de la loi du 30 mai 1854 portait que « les femmes condamnées aux travaux forcés pourront être conduites dans un des établissements créés aux colonies ? » Au lieu de faire elles-même un choix judicieux parmi ces condamnées comme l'article 4 lui en donnait la faculté, l'administration a préféré laisser complètement de côté ce texte ; on s'est borné à demander négligemment de temps à autre dans les maisons centrales quelles étaient parmi les condamnées aux travaux forcés celles qui voulaient partir, et on est arrivé à ce résultat aussi absurde qu'immoral d'accumuler sur un point une masse d'hommes en général déjà profondément pervertis par leur séjour dans les prisons de France et pour lesquels l'absence de femmes n'est qu'un encouragement aux vices les plus ignobles ; il se passe dans les bagnes, personne ne l'ignore, des choses qui sont la honte de l'humanité. Quant à la colonisation, nul n'en a cure ; il va de soi que la colonisation n'est pas possible avec 500 femmes pour 10.000 hommes (chiffres officiels). Déjà on aurait eu assez de peine, même en appliquant la loi de 1854 conformément à son esprit, à transporter un nombre assez considérable de femmes : la criminalité des femmes est en effet beaucoup moins grande que celle des hommes par l'unique raison que la prostitution qui est toujours prête à venir en aide à la paresse et à fournir le pain, sinon le bien-être et le luxe, enlève la plupart du temps au crime sa raison d'être ; le contingent des femmes condamnées aux travaux forcés est donc très faible ; celui de la relégation sera plus faible encore, il ne faut pas se faire illusion sur ce point, et c'est une raison de plus pour appliquer scrupuleusement la loi, en regrettant que le Sénat n'ait pas laissé subsister une disposition introduite par la Chambre, et qui pouvait, surtout au point de vue des femmes, avoir d'excellents résultats, la relégation volontaire, dont nous dirons un mot plus loin.

Le projet de loi rapporté à la chambre par M. Gerville-Réache, se préoccupant de la mauvaise application faite de la loi de 1854, modifiait l'article 4 de cette loi de façon à retirer à l'administration la faculté de ne pas transporter les femmes condamnées aux travaux forcés, c'était déjà indiquer *a fortiori* qu'en ce qui concernait la relégation des femmes récidivistes aucune exception n'existait pas plus dans l'esprit de la nouvelle loi que dans son texte. Dès la première délibération, M. le rapporteur fit une déclaration très nette, affirmant que la volonté de la loi était d'atteindre les malfaiteurs des deux sexes et ajoutant que, conformément aux principes la loi étant conçue en termes généraux et ne faisant pas d'exception pour les femmes, il n'y avait aucun doute sur son application à leur égard. Mais par surcroît de précaution, M. Labussière, au cours de la deuxième délibération présenta un amendement tendant à faire ajouter le mot « des deux sexes », après les mots « récidivistes et malfaiteurs d'habitude », qui figuraient dans l'article 1er § 2, ainsi conçu : « Elle sera prononcée (la relégation) contre les récidivistes et malfaiteurs d'habitude qui auront encouru les condamnations visées par les articles 4, 5, 7, et 8 de la présente loi. » Cet amendement fut pris en considération, sans débat, et voté dans la séance du 25 juin 1883 ; M. Gerville-Réache renouvela à cette occasion ses précédentes déclarations : « Dans toutes les dispositions du projet de loi, dit-il, la commission s'est servie de termes généraux et tels qu'ils comprennent, dans le langage juridique, les hommes aussi bien que les femmes. » La commission du Sénat opéra dans cet article des remaniements qui firent disparaître les mots qui avaient fait l'objet de l'amendement de M. Labussière ; mais ce qu'il faut bien noter, c'est que ces mots n'ont pas disparu à la suite d'une discussion où l'opinion contraire aurait prévalu ; qu'ils n'ont même pas disparu dans une discussion quelconque — jamais un mot n'a été prononcé sur ce point au Sénat — ou par suite d'une intention de la commission de revenir sur la portée que la chambre avait entendu donner au texte ; bien au contraire, M. de Verninac, rapporteur au Sénat, nous indique dans son rapport comment s'est faite la suppression, et constate formellement, comme M. Gerville-Réache l'avait déjà fait, que cette suppression ne peut changer en rien l'application de la loi. « La généralité des termes de notre article, dit-il, est assez compréhensive pour qu'il nous ait paru inutile de dire que la relégation s'appliquait aux malfaiteurs des deux sexes. Il ne saurait y avoir de doute à cet égard. Il a fallu, dans la loi du 30 mai 1854, une disposition expresse pour dispenser les femmes de la transportation ; par cela seul que nous ne reproduisons pas cette exception, il va de soi que la loi actuelle leur sera applicable. » Il nous semble que ces mots tranchent toute difficulté et que les tribunaux n'hésiteront pas à prononcer la relégation des femmes dans les rares cas où ils auront l'occasion de le faire.

La disposition du projet de loi modifiant l'article 4 de la loi du 30 mai 1854 a malheureusement été rejetée par la Chambre des députés, le 8 mai 1883, et n'a plus reparu ; malgré les observations très justes du rapporteur faisant ressortir que, grâce à la faculté laissée par la loi de 1854, l'échelle des peines du Code pénal n'existait pas pour les femmes, toutes confondues dans les maisons centrales, à quelque genre de peine qu'elles eussent été condamnées, qu'en outre si l'on voulait éviter les ignominies qui s'étaient produites en Australie et qui se produisent en Nouvelle-Calédonie, il fallait, aussi bien dans l'intérêt de la morale que dans celui de la colonisation, favoriser la transportation des femmes, M. Bovier-Lapierre fit repousser l'article par le motif qu'il s'agissait de régler un point ne rentrant pas dans le but de la loi sur la relégation et que la disposition proposée ne pouvait par conséquent trouver place dans cette loi. Quoi qu'il en soit, il résulte du rejet de cet article cette anomalie qu'une femme condamnée quatre fois à trois mois et un jour de prison pour vol sera reléguée à vie aux colonies, tandis qu'une femme condamnée à 10 ans de travaux forcés continuera à résider en France, après avoir subi sa peine.

21. Relégation volontaire. — Elle n'est pas admise par la loi. — Nous considérons comme encore plus regrettable le rejet par la commission du Sénat, et par le même motif, d'une des dispositions les plus heureuses et les plus fécondes que la Chambre eût votées, et dont l'honneur revient à M. Ganne : sur l'initiative de cet honorable député, la Chambre avait ajouté à l'article 13 un paragraphe additionnel ainsi conçu : « Tout individu condamné à la prison ou à la réclusion pourra, sur sa demande, être envoyé dans un des lieux de relégation après avoir subi la moitié de sa peine. Il sera soumis aux obligations et bénéficiera des avantages de la présente loi. » M. Ganne faisait observer que, grâce à cette disposition, on pourrait constituer un noyau de relégués d'une honnêteté relative, composé en général d'hommes résolus, d'un caractère peut-être difficile, mais à coup sûr hardi, ce qui, au point de vue de la colonisation, est la première et la plus précieuse des qualités ; autour de ce noyau viendraient naturellement se grouper tous ceux qui seraient susceptibles d'une amélioration sérieuse et d'un effort utile en faveur de la colonisation. Telle est la disposition que la commission du Sénat ne crut même pas devoir présenter à la discussion ; le motif donné par M. de Verninac dans son rapport à propos de cette déplorable suppression ne satisfera aucun esprit soucieux de l'avenir de la loi ; nous ne pouvons que le livrer tel quel aux appréciations des jurisconsultes : « Sans méconnaître ce que cette disposition pourrait avoir d'utile, nous n'avons pas cru devoir la maintenir, parce que, ne s'appliquant pas spécialement aux récidivistes incorrigibles, elle nous paraissait sortir du cadre de la loi actuelle. Nous avons pensé qu'en augmentant ainsi le nombre des relégués, nous ne ferions que rendre plus difficile l'exécution de la loi. Enfin cette disposition nous a semblé en contradiction manifeste avec le principe posé en tête de ce même article, à savoir que la relégation ne doit commencer qu'après l'expiration de la peine principale. » Nous pouvons ajouter que l'idée de faire appel à une sorte de relégation volontaire était tellement pratique, que dans la semaine qui a suivi le vote de la loi de nombreux vagabonds se sont présentés aux autorités en demandant à être relégués. Fallait-il leur conseiller de voler ?

IV. FORMES DANS LESQUELLES LA RELÉGATION EST PRONONCÉE, ET TRIBUNAUX COMPÉTENTS (articles 2, 10 et 11).

22. Tribunaux compétents. Faculté de tenir compte des condamnations prononcées en certains cas par les conseils de guerre (art. 2). — Comme complément à la disposition prohibant absolument la relégation pour causes politiques, il était logique de bien affirmer que les cours et tribunaux ordinaires auraient seuls compétence pour prononcer la relégation ; c'est ce que fait l'article 2 de la loi, qui leur réserve cette compétence, en ajoutant qu'ils l'auront « à l'exception de toutes juridictions spéciales et exceptionnelles ». Et sur une question de M. Gatineau, M. le rapporteur précisait ainsi ce qu'il faut entendre par les cours et les tribunaux ordinaires : « Ce sont, disait-il, les cours et les tribunaux correctionnels » ; et comme M. Gatineau insistait en disant : « Alors pourquoi ne pas dire les cours et les tribunaux correctionnels ; il n'y aurait plus de doute possible ». M. le rapporteur donna l'unique raison de la rédaction adoptée : « Il y a une raison pour laquelle nous avons mis : tribunaux ordinaires. C'est que l'article 23 du projet qui concerne l'Algérie porte que la relégation résultera des condamnations prononcées contre les indigènes des territoires de commandement par les conseils de guerre et les commissions disciplinaires. Les conseils de guerre, les commissions disciplinaires sont les tribunaux ordinaires des territoires de commandement. C'est pour cette raison que nous avons employé cette expression « ordinaire » dans l'article 2. Mais il est bien entendu que pour ce qui concerne la France, les tribunaux ordinaires sont les cours et les tribunaux correctionnels » (séance du 1er mai 1883). En présence de la netteté de cette déclaration, il est évident que l'article 2 § 1 ne pourra donner lieu à aucune difficulté d'interprétation.

Le Sénat a ajouté à cet article un § 2 ainsi conçu : « Ces cours et tribunaux pourront toutefois tenir compte des condamnations prononcées par les tribunaux militaires et maritimes en dehors de l'état de siège ou de guerre pour les crimes ou délits de droit commun spécifiés à la présente loi. » Deux opinions s'étaient manifestées sur cette question ; l'une soutenue par M. le général Robert consistait à faire valoir que par leur composition, par les règles de procédure auxquelles ils sont astreints, par la plénitude de juridiction qu'ils exercent sur des catégories d'individus, les conseils de guerre permanents méritent d'être considérés comme des tribunaux ordinaires à qui on peut sans danger, au moins en dehors de l'état de siège ou de guerre, confier le droit de prononcer la relégation pour les crimes et délits de droit commun. L'opinion inverse, soutenue par M. Herbette, commissaire du gouvernement, consistait surtout à dire que c'est surtout dans l'état de siège ou de guerre que les conseils de guerre jugent des délits de droit commun, qu'il n'y avait donc pas lieu d'excepter ce cas, ni surtout de donner à n'importe quel tribunal correctionnel le droit d'apprécier les décisions d'un conseil de guerre, qu'il fallait pour être logique, ou donner aux conseils de guerre les mêmes droits qu'aux tribunaux, ou, ce qui valait encore mieux, s'en tenir au texte voté par la Chambre. M. de Verninac, rapporteur, eut facilement raison de ces deux amendements : « Les conseils de guerre, disait-il, sont obligés de se placer à un point de vue qui n'est pas celui des tribunaux ordinaires, de tenir compte non-seulement du fait lui-même, mais ils sont obligés aussi de sauvegarder quelque chose sinon de supérieur, au moins de différent : l'homme de l'armée. C'est pour cela qu'ils prononcent des condamnations plus sévères ; nul ne songe à leur en faire un grief, ils le font, ils doivent le faire ; mais précisément parce qu'ils doivent le faire, il faut que ces condamnations n'aient pas une puissance égale au point de vue de la relégation. »

Voici donc un cas, — le seul — dans lequel les tribunaux ont le pouvoir d'appréciation qui a si vivement été réclamé pour eux — à tort croyons-nous — d'une manière générale. Ils pourront tenir compte en vue de la relégation (c'est-à-dire les considérer comme prononcées en police correctionnelle ou en cour d'assises) des condamnations prononcées par les conseils de guerre en dehors de l'état de siège ou de guerre, sous la condition que ces condamnations aient été prononcées pour les crimes ou délits spécifiés à l'article 4. Cette disposition pourra donner lieu à une double difficulté : l'article 4 spécifie bien en effet les délits qui donnent lieu à la relégation, mais non les crimes ; il n'a pas besoin de les spécifier, parce qu'il fait compter pour la relégation toute condamnation aux travaux forcés ou à la réclusion ; dans son esprit donc, toutes les condamnations pour crimes entraînent la relégation. Mais en matière militaire, il y a des faits que le Code pénal qualifie de délits, et le Code de justice militaire de crimes, et qu'il punit des travaux forcés ou de la réclusion, notamment le vol des armes ou munitions appartenant à l'Etat, le vol chez l'habitant, le vol au préjudice des blessés, etc. La première difficulté sera donc celle-ci : lorsqu'un individu aura à son casier une condamnation militaire aux travaux forcés, admettra-t-on sans examen que cette condamnation est de celles prévues par l'article 4 § 1, ou bien faudra-t-il que le tribunal ou la cour saisie de la question de relégation examine le motif de cette condamnation, et dans le cas où elle aurait été prononcée pour un délit, déclare qu'elle ne devra compter que comme une condamnation à l'emprisonnement ? — Seconde question : Que faut-il entendre par crimes de droit commun ? Par exemple, le faux est un crime de droit commun, en ce sens qu'il peut être commis par tout autre que par un militaire ; faut-il néanmoins exclure du nombre des condamnations pouvant compter pour la relégation la condamnation prononcée par application de l'article 259 du Code de justice militaire contre le militaire qui aurait contrefait les sceaux, timbres, ou marques militaires destinés à être apposés sur des actes ou pièces authentiques relatifs au service militaire ?

Nous croyons sur la première question, qu'elle doit être résolue par le principe général de notre droit (principe énoncé d'ailleurs par les articles 185 et 186 du Code de la justice militaire, en vertu duquel la classification des infractions s'établit uniquement d'après la peine dont elles sont frappées par la loi. Le vol des munitions appartenant à l'État, s'il est commis par un civil, est un délit ; s'il est commis par un militaire, c'est un crime. Et c'est précisément cette différence dans la répression, suivant la qualité de l'agent qui a motivé la disposition permettant aux tribunaux de ne pas prononcer la relégation pour crimes et délits ayant donné lieu à des condamnations militaires. Lors donc qu'un individu déjà condamné aux travaux forcés pour un vol de la nature de ceux dont nous nous occupons sera de nouveau condamné aux travaux forcés ou à la réclusion, mais cette fois par une Cour d'assises, la Cour aura la faculté, prenant en considération l'aggravation de peine qui est résultée, lors de la première condamnation, de la qualité du coupable, de ne pas prononcer la relégation ; mais il ne nous paraît pas douteux d'autre part, qu'en vertu des termes du § 1 de l'article 4, la Cour ait le droit, si elle le juge bon, de la prononcer.

23. Définition du délit de droit commun par opposition au délit militaire. — La seconde question est plus délicate ; tout d'abord il faut exclure de ses termes les condamnations prononcées par les conseils de guerre en vertu du Code pénal. Il est bien évident que toute condamnation prononcée dans ces conditions est une condamnation de droit commun, qui comptera pour la relégation, si elle rentre dans les catégories établies par l'article 4 de notre loi. Mais ce cas excepté, faut-il dire que toutes autres condamnations prononcées par les conseils de guerre doivent être considérées comme n'étant pas des condamnations de droit commun, par cela seul qu'elles sont prononcées par application du Code de justice militaire ? Faut-il dire par exemple que le genre de faux dont nous parlions plus haut ne rentre pas dans la définition générale du faux et constitue un crime spécial ; qu'il en est de même du vol de munition, etc. ?

Cette solution ne serait pas juridique ; la vérité est que les délits qui n'ont pas le caractère de délits de droit commun sont uniquement ceux qui ne peuvent être commis que par des militaires ; cette définition peut donner lieu a des difficultés dans la pratique, mais elle est inattaquable en théorie. Ainsi la révolte, l'insubordination, la rébellion (au sens des articles 218 et suiv. du Code de justice militaire) la désertion, etc., sont des crimes et délits qui ne peuvent être commis que par des militaires et qui par conséquent ne sont pas de droit commun ; au contraire le vol, le faux, l'abus de confiance, alors même que le Code de justice militaire les prévoit d'une manière expresse, restent des crimes ou délits de droit commun ; ce que la loi militaire punit dans ces cas, ce n'est pas seulement le faux, le vol, l'abus de confiance ordinaires et dégagés de toute circonstance exceptionnelle, ce sont ces crimes commis dans certaines circonstances qui empruntent une gravité spéciale à des considérations militaires ; mais ces circonstances particulières motivent l'aggravation de peine et non la peine elle-même ; cela est tellement vrai que l'article 248 du Code de justice militaire, après avoir défini le vol de munitions, etc., et fixé la peine, prend soin d'ajouter : « les dispositions du Code pénal ordinaire sont applicables aux vols prévus par les paragraphes précédents, toutes les fois qu'en raison des circonstances, les peines qui y sont portées sont plus fortes que les peines proscrites par le présent Code. » Qu'est-ce à dire, sinon que les vols prévus à ce paragraphe ne sont pas des délits spéciaux, mais bien le fait unique de vol, puni de peines spéciales à raison de circonstances aggravantes ? Le seul critérium auquel les tribunaux pourront s'attacher sera donc celui-ci : il faudra faire abstraction du Code de justice militaire, supposer qu'il n'existe pas, et prenant le fait incriminé, se demander, si en l'absence de la loi militaire, le Code pénal le punirait sous une qualification analogue. Si oui, c'est un délit de droit commun pouvant être commis par d'autres que des militaires et donnant lieu à relégation ; sinon, c'est un délit purement militaire. Nous devons bien souligner le correctif que nous ajoutons à notre formule : sous une qualification analogue s'il faut en effet, pour procéder à cet examen, faire abstraction du Code de justice militaire, il faut avoir soin au contraire de ne faire abstraction d'aucune des circonstances de fait permettant de juger si le délit puni par le Code pénal est bien le même que celui que punit le code de justice militaire. Supposons par exemple, qu'il s'agisse de voies de fait envers un supérieur dans le le service (exemple tout théorique, car la peine en ce cas est la mort) ; si nous faisons abstraction du Code de justice militaire, nous nous trouvons en présence d'un délit prévu et puni par le Code pénal ; mais est-ce un délit analogue à celui du Code de justice militaire ? Ce code punit-il simplement d'une peine différente un même délit commis dans certaines circonstances aggravantes, ou au contraire pouvons-nous dire que sous le même nom générique, il punit un fait n'ayant aucune analogie avec le délit prévu par le Code pénal ?

Il nous paraît évidemment que, dans l'exemple choisi, c'est ce qu'il faudrait décider : la circonstance que les voies de fait ont eu pour victime un supérieur militaire est une circonstance tellement aggravante qu'elle change la nature de l'infraction, nous ne sommes plus en présence du délit de « voies de fait » du Code Pénal, mais bien d'un délit *sui generis*, « les voies de fait envers un supérieur », délit qui ne peut être commis que par un militaire ; le fait qualifié *voies de fait* n'est pas analogue au fait qualifié *voies de fait envers un supérieur*. Au contraire, dans les exemples que nous avons choisis plus haut, le vol et le faux, si on faisait abstraction du Code de justice militaire, les faits n'en resteraient pas moins punis par le Code pénal ; un civil peut parfaitement voler des munitions de l'État ou contrefaire les sceaux de l'administration militaire ; il serait poursuivi sous l'inculpation de vol ou de faux sans épithète, mais il est manifeste que si le vol « *de munitions* » est spécialement prévu et puni par le Code de justice militaire, la circonstance que la chose volée constitue des « munitions » n'est pas suffisante pour faire du délit de « vol de munitions », quelque chose d'absolument différent du « vol » sans épithète : il y a analogie entre les deux faits.

Du reste, c'est en étudiant ces difficultés que l'on constate combien est précieuse la faculté laissée en pareille matière aux tribunaux. S'ils n'avaient pas eu cette faculté, toutes ces questions eussent pris une importance considérable, et on eût pu critiquer le législateur, qui n'a pas posé de principes pour leur solution ; grâce à elle, les tribunaux se borneront, si quelque doute s'élevait, à en faire bénéficier le condamné en ne prononçant la relégation qu'à bon escient.

Nous n'avons pas à faire remarquer que les tribunaux ne devront jamais tenir compte d'une condamnation aux travaux publics ; en l'état, cette peine n'est jamais prononcée par le Code de justice militaire que pour des délits purement militaires, et elle ne figure d'ailleurs que dans la liste des peines en matière de délits et non en matière de crimes ; mais à supposer même qu'une disposition modificative du Code de justice militaire intervienne sur ce point, il n'en resterait pas moins acquis que les seules peines pouvant entraîner la relégation sont : les travaux forcés, la réclusion et l'emprisonnement, et que les dispositions pénales étant de droit étroit, les tribunaux ne pourraient pas adjoindre aux trois peines ci-dessus celle des travaux publics, alors même qu'elle serait prononcée pour délit de droit commun.

24. Procédure en cas de relégation. Exclusion de la procédure des flagrants délits. Nécessité d'un défenseur (art. 10 et 11). — Les articles 10 et 11 contiennent toute la procédure applicable en cas de relégation ; elle est fort simple. Le jugement ou l'arrêt, dit l'article 10, prononcera la relégation en même temps que la peine principale ; il visera expressément les condamnations antérieures par suite desquelles elle sera applicable. Bien que ce soit la loi qui prononce elle-même la relégation, puisqu'on a expressément retiré aux tribunaux, sauf dans le cas que nous venons d'examiner, toute liberté d'appréciation, il est évident que l'intervention du pouvoir judiciaire était indispensable pour vérifier si le condamné est ou n'est pas dans les conditions exigées pour la relégation ; le tribunal ou la cour prononceront donc la relégation. Il est bien évident qu'un cas de relégation prononcée par une Cour d'assises, c'est la Cour seule qui prononce la relégation et que le jury n'est pas consulté sur le point de savoir si le condamné est dans les cas prévus par la loi, pas plus qu'on ne le consulte actuellement en cas de récidive légale. Ils la prononceront en même temps que la peine principale, c'est-à-dire qu'on ne pourra pas rechercher et arrêter un individu à l'effet unique de faire prononcer contre lui la relégation ; en même temps signifie ici « par le même jugement. » Ainsi à supposer qu'un prévenu soulevât quant à la relégation des exceptions rendant nécessaire l'examen des dossiers antérieurs, le tribunal ne pourrait pas le condamner dès maintenant à trois mois et un jour pour le délit pour lequel il est poursuivi et renvoyer à quinzaine pour statuer sur la relégation. Enfin le jugement ou l'arrêt visera les condamnations antérieures qui rendent la relégation applicable ; il faut en effet qu'en cas d'appel ou de pourvoi, si certaines questions relatives à ces condamnations ont été soulevées, on sache que le tribunal en a délibéré. Toutefois, en l'absence d'une disposition de ce genre, il n'est pas nécessaire, dans le cas où un débat aurait eu lieu entre le ministère public et le condamné sur le point de savoir si, par exemple, telle condamnation militaire doit compter, si telle condamnation correctionnelle est comprise ou non dans la période de dix ans, etc., il n'est pas nécessaire que le tribunal indique dans ses motifs les raisons pour lesquelles il a rejeté les moyens proposés par le prévenu ; l'article 10 se bornant à dire qu'il visera les condamnations, le tribunal qui, en réponse à ces moyens prononcerait la relégation en visant les condamnations contestées et sans autres explications, resterait dans les termes de la loi, sauf bien entendu le cas où des conclusions écrites auraient été posées. Il n'est pas nécessaire non plus que le jugement ou l'arrêt vise la grosse ou l'extrait des jugements ; la loi dit seulement qu'il visera les condamnations. En fait, bien souvent le tribunal ne devra pas se borner à l'examen du casier judiciaire ; toutes les fois que le prévenu fera valoir un moyen tiré, soit de la connexité d'un délit, avec un délit politique, soit de ce que la condamnation est inexactement rapportée sur le casier judiciaire quant à sa quotité ou quant à sa date, soit enfin, ce qui sera fréquent, de ce que le casier produit ne lui est pas applicable, il faudra que le tribunal examine non-seulement le jugement mais les dossiers ; dans les cas au contraire où le prévenu ne contestera pas les énonciations du casier judiciaire, le tribunal pourra s'en tenir à ces énonciations.

Les dispositions de l'article 10 sont-elles prescrites à peine de nullité ? Bien que cet article ne le dise pas, tandis que l'article suivant, à propos d'autres dispositions, le spécifie formellement, cela ne nous paraît pas douteux. Ce sera donc au condamné à se pourvoir dans les délais légaux contre tout jugement qui aurait statué sur la relégation séparément ou qui n'aurait pas visé les condamnations entraînant la relégation. Si, à l'inverse, le tribunal n'avait pas prononcé la relégation dans un cas où elle était encourue, le ministère public se pourvoira comme de droit.

L'article 11 défend de procéder dans les formes spéciales aux flagrants délits, chaque fois que le prévenu sera exposé à être relégué ; comme il s'agira toujours d'individus ne présentant pas de garanties suffisantes pour la liberté provisoire, et que par conséquent il ne pourra jamais être procédé, en fait, sur citation directe, cela revient à dire qu'aussitôt que le procureur de la République apprendra, par la réception du bulletin n° 2, qu'un individu, détenu comme arrêté en flagrant délit, est exposé à être condamné à la relégation, il devra immédiatement saisir le juge d'instruction et procéder à une citation régulière après ordonnance de renvoi en police correctionnelle. Cette procédure est évidemment prescrite à peine de nullité, bien que la loi ne le dise pas. S'il arrivait qu'on découvrît à l'audience qu'un individu comparaissant en vertu de la loi de 1863, soit qu'il ait été cité, soit qu'il ait été simplement amené sans citation à l'audience, comme il arrive dans la plupart des cas pour les flagrants délits, encourt la relégation, il va de soi que le tribunal ne pourrait pas, considérant que l'article 11 n'a pas été observé, mais qu'il est néanmoins régulièrement saisi, passer outre au jugement sauf à ne pas prononcer la relégation ; le tribunal devrait en pareil cas considérer au contraire qu'il n'est pas régulièrement saisi et qu'il ne peut statuer, pas plus sur le délit reproché au prévenu que sur la relégation ; il ne pourrait ni confirmer le mandat de dépôt ni fixer l'affaire à une autre audience, car ce serait appliquer la loi de 1863. Il doit purement et simplement déclarer qu'il n'y a lieu à statuer au fond ; le ministère public conservant le droit de saisir le juge d'instruction. Si cependant le mandat de dépôt avait été à une précédente audience confirmé par le tribunal, alors qu'on ne connaissait pas la véritable situation du prévenu, le tribunal, tout en déclarant n'y avoir lieu à statuer, devrait lever le mandat de dépôt. Il faut en effet effacer tout ce qui procède de la loi du 20 mai 1863 et mettre le prévenu absolument dans la situation où il était au moment de son arrestation. Cette mainlevée du mandat de dépôt n'empêcherait pas, bien entendu, le ministère public de maintenir le prévenu en état d'arrestation pendant les quelques minutes qui s'écouleront avant le nouveau mandat que décernera sur le champ le juge d'instruction.

La loi exige que le prévenu soit toujours, lorsqu'il est exposé à la rélégation, assisté d'un défenseur, et c'est faute de l'exécution de ce paragraphe qu'elle prononce la nullité. « Un défenseur, dit-elle, sera nommé d'office au prévenu à peine de nullité. » Il paraît résulter de cette rédaction que la nullité serait encourue, à défaut de nomination d'un défenseur, même si le jugement constatait en fait que le prévenu a comparu assisté d'un défenseur ; cette rigueur d'interprétation est motivée par la différence de rédaction entre l'article 11 que nous examinons et l'article 294 du Code d'Instruction criminelle. Ce dernier, en effet, relatif également à la nécessité de la nomination d'un défenseur à l'accusé, est conçu dans des termes beaucoup plus larges : « L'accusé sera interpellé de déclarer le choix qu'il aura fait d'un conseil pour l'aider dans sa défense, sinon le juge lui en désignera un sur le champ à peine de nullité de tout ce qui suivra. Cette désignation sera comme non avenue, et la nullité ne sera pas prononcée si l'accusé choisit un conseil. » On voit que l'article 294 avait prévu l'hypothèse posée, celle où malgré l'oubli de la formalité exigée, l'accusé comparaît assisté d'un défenseur ; dans ce cas, dit-il, la nullité est couverte, mais précisément parce qu'il le dit, il en faut conclure que s'il n'avait pas ajouté ce dernier paragraphe, la nullité une fois acquise aurait été irréparable. Or, notre article 11 se bornant à prononcer la nullité sans indiquer aucun moyen de la couvrir, il en résulte que le tempérament apporté par l'article 294 n'est pas applicable et que la nullité est définitivement encourue, alors même que le prévenu a été défendu, si aucune pièce ne constate que désignation d'un défenseur lui a été faite. Du reste la loi ne disant ni par qui ni à quel moment la désignation doit être faite, rien n'empêcherait le président, à l'audience même, pourvu qu'il le fasse avant que l'affaire ne soit engagée, de procéder à la nomination du défenseur au prévenu et de lui désigner celui-là même que le prévenu a choisi et qui l'assiste en fait ; la désignation peut, en effet, en l'absence de dispositions sur ce point, être faite à un moment quelconque de la procédure, mais au plus tard, évidemment, au moment où l'affaire est appelée pour jugement ; si le président attendait jusqu'après l'interrogatoire ou les dépositions commencées, la nullité serait encourue.

Dans la pratique, il sera très facile d'éviter tout oubli ultérieur en faisant désigner le défenseur d'une manière uniforme par le juge d'instruction à la suite de son ordonnance de renvoi ; tant que la disposition, du Code d'instruction criminelle actuellement en discussion, qui prescrit l'assistance du défenseur dès le début de l'information n'aura pas été votée, il importe peu, bien entendu, que le défenseur désigné ne soit pas celui qui se présente à la barre ; il n'est même pas nécessaire dans ce cas que le jugement constate que le prévenu a été assisté de Mᵉ...., suppléant celui de ses confrères qui avait été désigné, il suffit pour qu'il n'y ait pas nullité, que le jugement constate qu'un défenseur a été entendu, et qu'il résulte, d'autre part, de la procédure, qu'un défenseur avait été désigné. Si le défenseur nommé ne se présentait pas, ni aucun de ses confrères pour lui, il serait contraire, non au texte, mais à l'esprit de la loi, de passer outre au jugement prononçant la relégation. Bien que l'article 11 ne prononce pas la nullité dans ce cas, le tribunal devra, si des avocats sont présents à l'audience, en commettre un séance tenante en remplacement de celui qui fait défaut, et s'il n'y en a pas, renvoyer l'affaire à une autre audience.

Telles sont les seules formalités imposées en cas de jugement entraînant relégation ; nous devons mentionner en terminant, un amendement présenté au Sénat par M. le général Robert et dont on doit se souvenir, bien qu'il n'ait pas passé dans la loi. M. le général Robert demandait que chaque fois qu'une condamnation serait prononcée contre un individu, et le mettrait dans le cas d'être relégué à la première récidive, le président de la cour ou du tribunal correctionnel fût obligé, en suite du jugement, de l'avertir solennellement de la situation où il se trouve. Faute de l'accomplissement de cette formalité, la condamnation prononcée sans cet avertissement ne compterait pas en vue de la relégation. Cet amendement, dont l'idée était certainement excellente, n'a pas été voté parce qu'on a pensé qu'en fait, il ne se rencontrerait pas un seul président qui négligerait de donner cet avertissement, même sans y être obligé par la loi. Le rapporteur de la commission a émis l'opinion que cette matière pourrait donner lieu à une circulaire prescrivant en tous cas aux magistrats du parquet de ne pas laisser ignorer au condamné sa situation. Nous croyons qu'en fait il ne l'ignorera jamais, d'abord parce que jamais un président ne la lui laissera ignorer, et ensuite, parce que l'expérience démontre qu'au bout d'un certain nombre de condamnations, le criminel est presque toujours doublé d'un criminaliste.

V. — MESURES D'EXÉCUTION ET CONSÉQUENCES DE LA LOI. — (Articles 7, 12, 14, 17 à 23).

De même que la loi de 1854 avait été suivie d'un décret en réglant l'application, de même la loi sur les récidivistes a dû forcément laisser à l'administration une certaine latitude par les mesures d'exécution proprement dites. Elle s'est bornée à résumer dans l'article 18 les points sur lesquels la réglementation devra porter, et dont la plupart avaient déjà fait l'objet d'un certain nombre d'articles précisant et limitant les droits de l'administration. C'est l'ensemble de ces dispositions que nous devons maintenant étudier.

25. Faculté pour le Gouvernement d'avancer ou de retarder le départ du relégué (art. 12). — En principe, la relégation, par cela seul que c'est une peine accessoire, ne doit être appliquée qu'à l'expiration de la dernière peine principale. Mais comme cette dernière peine, eu égard à la relégation qui va suivre, n'aura pas grande importance, comme, d'autre part, il est indispensable que le Gouvernement, qui doit assurer les départs de transports, n'ait pas les mains liées par des dates fixes, l'article 12 lui donne la faculté de devancer l'époque de la libération du condamné, pour opérer le transfèrement. Le même article, à raison des mêmes difficultés, donne au Gouvernement la faculté, bien autrement grave, de maintenir, après l'expiration de la peine, les libérés dans un dépôt jusqu'au plus prochain départ pour le lieu de relégation. C'est là une faculté qui était nécessaire dans une certaine mesure, puisqu'il y aura des individus condamnés à moins de trois mois et à la relégation, et qu'on ne peut exiger du gouvernement qu'il y ait des départs de paquebots tous les huit jours, mais elle est cependant exorbitante et nécessite une surveillance des plus actives. La commission du Sénat, frappée de ce qu'il y a d'arbitraire et de dangereux dans une pareille disposition, qui permet à un ministre, en faisant cesser pendant un an, par exemple, tous départs de transports, de condamner administrativement à un an de prison des individus qui ne doivent plus rien à la société, avait essayé un moyen terme qui consistait à limiter à trois mois la durée du temps pendant lequel le libéré pourrait être maintenu au dépôt; mais cette limitation fut supprimée sur la demande de M. Bozérian, qui faisait observer avec raison qu'il ne faut pas supposer seulement la mauvaise volonté du Gouvernement, mais bien aussi l'impossibilité matérielle qu'il peut y avoir, par suite de guerre maritime, par exemple, à équiper un transport; que, dès lors, il serait ridicule d'impartir un délai de trois mois ou de toute autre durée au Gouvernement pour faire cesser un fait indépendant de sa volonté. Aucune limitation n'existe donc au droit du Gouvernement, si ce n'est en ce sens que tout condamné ayant terminé sa peine ne peut être maintenu au dépôt, que tant qu'il n'y a pas de départ de paquebot; si un transport partait pour le lieu de relégation sans lui, la détention prendrait immédiatement le caractère de détention arbitraire.

En second lieu, tant que le libéré est au dépôt il a le droit d'y être traité en pensionnaire et non en prisonnier. En effet, il a terminé sa peine, il ne doit rien de ce chef; d'autre part le régime de la relégation ne lui est pas encore applicable : les termes de l'article 1 définissant la relégation disent suffisamment qu'elle ne peut exister en France; il ne peut donc être astreint au travail à aucun titre, pas même en vertu de l'article 1 § 2, puisque ce paragraphe ne s'applique qu'aux relégués vivant sur le lieu de relégation. Donc le libéré a le droit absolu d'être traité au dépôt avec les mêmes égards que les individus détenus préventivement ; ce surcroît de détention n'ayant absolument pour but que de s'assurer de sa personne, tout ce qui excéderait cette limite serait complètement illégal. Il est à espérer que jamais un ministre ne voudra, en supprimant les départs de paquebots, accroître ainsi de tant de bouches inutiles les charges de son département. L'article 12 prend soin de dire que le Gouvernement peut faire faire au condamné tout ou partie de sa dernière peine dans un pénitencier, et que ces pénitenciers pourront servir de dépôt pour les libérés dans le cas que nous venons d'examiner. Cette disposition n'était peut-être pas absolument nécessaire, en ce sens que les catégories de prisons telles qu'elles sont établies par le Code pénal étant depuis longtemps lettre morte, on n'aurait probablement pas plus contesté au Gouvernement le droit d'envoyer les condamnés dans des pénitenciers, qu'on ne lui conteste le droit de faire exécuter beaucoup de peines par à peu près, faute des moyens matériels prévus par le code. Si cette disposition figure encore dans la loi c'est qu'à l'origine la loi avait un caractère beaucoup plus colonisateur, s'il est permis d'employer ce terme, qu'après être sortie des dernières délibérations ; on s'était beaucoup préoccupé de l'instruction spéciale qu'il fallait donner aux futurs relégués afin de les rendre aptes à la colonisation ; on avait décidé à cet effet qu'ils subiraient leur dernière peine dans un pénitencier agricole. Au Sénat, le ministre demanda la suppression du mot agricole en faisant observer que les dépôts des libérés soumis à la relégation devraient se trouver surtout dans les ports de mer où il n'y a pas de pénitenciers agricoles ; la suppression fut votée, et le reste de la phrase, qui, dès lors n'avait plus grande portée, subsista.

On s'est préoccupé avec raison du droit et du devoir de surveillance des magistrats du parquet sur les registres d'écrou, à propos de l'exécution de cet article 12. Dans la séance du Sénat du 10 février 1885, M. de Marcère rappela qu'à une certaine époque, on apprenait par hasard, quelquefois longtemps après, qu'un individu soumis aux mesures de sûreté générale prises par la loi néfaste de 1858 avait disparu de la prison sans l'intervention d'un magistrat, sans qu'on sût où on l'avait conduit ni qui avait donné l'ordre. Sans faire aucun rapprochement, l'honorable sénateur demandait que, sinon la loi elle-même, du moins le décret qui devait la suivre, contînt une disposition assurant l'intervention du ministère public pour la levée de l'écrou. On trouvera dans le Journal officiel du 11 février 1885, la question posée d'une façon très nette par M. de Marcère : deux situations peuvent se présenter, ou bien la peine principale est terminée au moment où on lève l'écrou, pour embarquer le relégué sur le paquebot, ou elle n'est pas terminée ; dans le premier cas, il s'agit de faire sortir de prison un individu qui doit en sortir parce qu'il n'est plus condamné à la prison, et il s'agit en même temps de faire commencer pour lui une nouvelle peine d'une autre nature : l'intervention du parquet est indispensable. Ce cas ne fait pas difficulté et il n'est pas besoin que la loi sur les récidivistes en parle, puisqu'il est de principe que le parquet a seul qualité pour faire commencer ou pour faire terminer une peine. Mais, au contraire, il arrive tous les jours qu'un individu est, en cours de peine, transféré d'une prison dans une autre : une fois le ministre de l'Intérieur saisi par l'ordre d'écrou, le prisonnier lui appartient, et le ministère public n'est pas même consulté sur le lieu où sera subie la peine. D'où la conséquence que, si au lieu d'attendre pour transporter le relégué l'expiration de la peine principale, le Gouvernement, usant de la faculté de l'article 12, transporte le relégué en cours de peine de façon que sa peine principale n'expire qu'en mer, ou même sur le territoire de relégation, il évitera le contrôle du parquet. C'est sur ce point seulement que portait l'observation de M. de Marcère, observation qui paraît ne pas pas avoir été comprise de M. le commissaire du Gouvernement et à laquelle, en tous cas, il n'a pas répondu. Il eût pu répondre, croyons-nous, que la loi sur les récidivistes ne contient aucune disposition dérogatoire au droit commun même dans ce cas, et que si dans la pratique l'administration ne prend pas soin de prévenir à l'avance le procureur de la République des transférements des condamnés en cours de peine d'une prison à une autre, c'est cette pratique qui est vicieuse, et contraire aux prescriptions ministérielles (26 juillet 1817 et 6 décembre 1840), lesquelles ne sont elles-mêmes que l'application pure et simple de la loi qui remet aux magistrats du parquet la surveillance de l'exécution des peines ; cette solution a été donnée par M. Le Royer, président du Sénat, à la séance du 10 février 1885 ; elle est vivement contestée, et nous admettons qu'elle peut être contestable si on la formule en disant qu'aucune levée d'écrou ne peut avoir lieu sans l'ordre de l'intervention du parquet ; mais si on se borne à dire qu'aucune levée d'écrou ne peut être faite sans que le parquet en ait été informé à l'avance, la proposition devient absolument juridique. En tous cas, comme l'observation de M. de Marcère sera certainement approuvée par tout le monde, il serait très simple, pour trancher définitivement la question, d'insérer dans le réglement d'administration publique à intervenir une disposition obligeant les gardiens-chefs des maisons d'arrêt ou directeurs des pénitenciers à avertir le procureur de la République sans délai du départ prochain des individus soumis à la relégation et à ne laisser effectuer la sortie de prison qu'après avoir en mains tout au moins un accusé de réception du dit avertissement.

Une question qui peut avoir son importance pratique est celle de savoir si le libéré maintenu dans le pénitencier, en attendant le départ du paquebot, doit être qualifié de relégué. L'article 14 édicte en effet certaines peines en cas d'évasion ou de tentative d'évasion des relégués, peines ayant un caractère exceptionnel puisqu'en règle générale l'évasion, lorsqu'elle n'est pas accompagnée de violences ou de bris de prison, ne constitue pas un délit ; aussi cet article est-il ainsi conçu : le relégué qui, *à partir de l'expiration de sa peine*, se sera rendu coupable d'évasion, etc. On peut fort bien soutenir que les mots « à partir de l'expiration de sa peine » ont été insérés uniquement pour prévoir le cas où un relégué ayant, été transporté avant l'expiration de sa peine, la termine sur le territoire de relégation ; quant à celui-là, l'évasion reste, en vertu du droit commun, un fait non punissable, et c'est ce que prend soin de dire l'article 14 ; on peut même ajouter, dans cette opinion, que le dernier alinéa de l'article le confirme en disant que dans tous les cas où une peine est prononcée pour évasion, elle doit être subie sur le territoire des lieux de relégation : on ne comprendrait pas pourquoi le détenu s'étant échappé du dépôt situé en France, condamné pour ce fait en France, et devant encore y rester pendant deux ou trois mois, on ne profiterait pas de ce temps pour lui faire subir sa peine, au lieu de le garder pendant le même espace de temps comme libéré au dépôt, sauf à lui faire subir peut-être six mois plus tard sur le territoire de relégation les quinze jours de prison auxquels on l'a condamné. D'ailleurs la disposition finale de l'article 14 est manifestement écrite dans un but d'intimidation contre les relégués : on veut qu'ils voient revenir prisonnier celui qu'ils avaient vu s'évader afin qu'ils ne soient pas tentés de suivre son exemple. Si donc l'évasion a eu lieu en France, l'effet d'intimidation ne peut se produire qu'en France, et non aux colonies ; donc l'article 14 a visé uniquement les évasions se produisant sur le territoire de relégation. Contre cette opinion, évidemment très forte, on fera valoir qu'un individu doit s'appeler relégué du jour où il est condamné à la relégation, et que d'ailleurs les mots « à partir de l'expiration de sa peine » comprenant aussi bien le relégué maintenu au dépôt que le relégué déjà arrivé sur le territoire de relégation, il n'y a pas possibilité de restreindre l'application de l'article. Les travaux préparatoires sont absolument muets sur la question, l'article 14 ayant toujours été adopté sans débat. Le texte voté par la Chambre ne punissait que l'évasion hors du territoire de relégation, cela est certain, et c'est même pour cela qu'il ajoutait que la peine serait subie sur le territoire. Mais il ne spécifiait pas que le relégué, qui sur le territoire de relégation, achèverait sa peine principale d'emprisonnement ne pourrait pas être puni en cas d'évasion. Est-ce uniquement cette lacune que la commission du Sénat a entendu combler par les mots « à partir de l'expiration de sa peine » ? Le rapport n'en dit rien. Dans le doute, la première interprétation nous paraît plus logique, et en tous cas plus conforme au principe que la loi pénale est de droit étroit et ne peut être étendue à des cas non prévus d'une manière formelle.

26. Indications sur le régime des relégués. Peines en cas d'évasion (art. 14, 18). — Nous venons de résoudre implicitement une autre question qui, avant la rédaction définitive de l'article 14, aurait pu faire doute, celle de savoir dans quelle situation se trouverait, en arrivant dans la colonie, le relégué dont la transportation aurait été effectuée avant l'expiration de la peine principale ; on aurait pu se demander si l'usage par le Gouvernement de la faculté que lui laisse l'article 12 n'aurait pas pour effet de mettre fin à la peine principale, en sorte que le relégué devrait, dans tous les cas, arriver libre sur le territoire de relégation. Le doute n'est plus permis en présence de la disposition de l'article 14, que nous venons d'analyser, qui précisément vise manifestement le cas où la peine principale est subie sur le territoire de relégation. Du reste, il est à remarquer que l'article 12 ne dit pas que le Gouvernement a la faculté de mettre fin à la peine, mais bien d'opérer le transfèrement avant l'expiration de la peine. Le condamné, dont la peine ne serait pas terminée, ne pourrait donc arriver libre sur le territoire de relégation qu'à la condition d'avoir obtenu une remise de peine du chef de l'Etat. C'est en transférant, en règle générale, les condamnés en cours de peine que le Gouvernement pourra donner suite à l'idée émise en son nom de commencer la relégation par un internement temporaire à l'arrivée sur des pontons ; mais nous ne pouvons que répéter qu'appliquée à des relégués dont la peine est expirée, cette mesure ne serait pas conforme à la loi.

Le réglement d'administration publique s'inspirera sans doute, pour la division des relégués en diverses catégories, des idées qui ont été émises par la commission de la Chambre des députés et par le rapporteur. Indépendamment du petit nombre de ceux qui, justifiant de ressources pécuniaires ou d'engagements de travail, devront être immédiatement livrés à eux-mêmes, s'ils le demandent, en vertu de la loi elle-même, on se trouvera en présence d'une masse d'individus d'aptitude et de moralité très différentes, et le vœu de la loi c'est qu'on tienne compte de ces différences ; on les connaîtra par un avis qui pourrait être demandé pour chaque condamné au procureur de la République près le tribunal ayant prononcé la relégation et au directeur de la prison ou du pénitencier dans lequel la dernière peine a été subie ; le magistrat serait particulièrement compétent pour indiquer le degré de moralité, et le fonctionnaire pour faire connaître les aptitudes intellectuelles et manuelles.

Le triage pourrait être ainsi fait au pénitencier même et avant le départ, ce qui permettrait d'expédier les meilleurs en Nouvelle-Calédonie ou dans toute autre colonie où des particuliers auraient demandé des ouvriers de tel ou tel état. L'administration a le devoir absolu de faire le possible pour procurer des engagements de travail à tous ceux qui sont susceptibles de les remplir, c'est le côté le plus élevé de sa mission, et le sort de la loi dépend de la façon dont elle le comprendra. Nous n'avons plus à nous occuper des condamnés qui seront ainsi relégués individuellement, ils seront à l'état de liberté absolue, sauf les mesures de police qui pourront être prises pour éviter les évasions et qui devront consister autant que possible, comme le demande M. Chessé, dans la seule obligation d'une déclaration de changement de résidence chaque fois que le relégué ira d'un village à un autre. La seule difficulté qui se présentera pour l'administration sera déterminée, dans le réglement quelles sont les ressources pécuniaires et quelle est la teneur de l'engagement qu'on pourra considérer comme suffisantes pour autoriser la mise en liberté absolue. Il semble qu'on ne puisse guère procéder que par la fixation d'un chiffre pour les ressources pécuniaires et d'une durée pour les engagements. Quant aux condamnés qui seront relégués collectivement, nous avons vu qu'aux termes des articles 1 et 18, le règlement d'administration publique doit déterminer le régime et la discipline des établissements ou chantiers où ceux qui n'auraient ni moyen d'existence, ni engagement seront astreints au travail. Quelles sont les limites posées par la loi et dans lesquelles peut se mouvoir le règlement d'administration publique ? Elles résultent du texte même de la loi ; le principe n'a pas cessé d'être la liberté, seulement on y apporte ce tempérament, que le Gouvernement, fournissant le vivre et le couvert, a droit d'exiger, à défaut d'une rémunération pécuniaire, une rémunération en nature. D'où la conséquence que les relégués ne pourront être privés de liberté qu'autant que cette liberté serait incompatible avec l'obligation au travail. En dehors des heures de travail, il ne faut donc pas hésiter à dire que la loi n'autorise pas l'internement à l'intérieur d'un édifice ; les mesures de police rendues nécessaires par la surveillance à exercer au point de vue des évasions et de l'obligation au travail seront naturellement plus étroites pour les relégués collectivement que pour les relégués individuellement ; ceux-ci pourront être autorisés à habiter n'importe quel point de la colonie, ou tout au moins d'une fraction importante de la colonie ; aux premiers, au contraire, on pourra assigner un certain périmètre, plus restreint, mais ne devant cependant pas avoir à aucun degré le caractère de bagne. De même, on ne devra pas empêcher les relégués de se construire à leurs frais et sur leur salaire des cases pour habiter la nuit en dehors des bâtiments pénitentiaires ; on devra même les y engager, ne serait-ce que pour développer en eux le sentiment de la propriété ; il faut considérer en outre que la famille étant, même avec des individus de cette nature, le meilleur élément de moralisation, il y a un intérêt majeur à laisser se constituer des foyers avec le peu d'éléments que la relégation des femmes pourra fournir. On ne doit pas oublier, en effet, qu'il ne peut être question ici d'appliquer les principes de la loi de 1854, disant que les femmes condamnées aux travaux forcés seront séparées des hommes : les femmes reléguées sont libres comme les hommes sous la même obligation au travail ; en dehors des mesures de police municipale et sanitaire qui sont de mise partout, l'administration n'a pas le droit d'empêcher des unions même irrégulières ; ces principes résultent du texte même de la loi et aucune disposition du règlement d'administration publique ne saurait prévaloir contre eux.

27. Droits civils du relégué (art. 17 et 18). — Du reste la loi a pris soin dans deux dispositions (articles 17 et 18) de montrer à la fois l'importance qu'elle attache à la régénération du condamné par la famille et la possibilité qu'elle voit de cette régénération. Parmi les mesures laissées par l'article 18 au soin du pouvoir exécutif figurent, outre les conditions auxquelles des concessions de terrain pourront être accordées, les mesures d'aide et d'assistance en faveur des relégués ou de leur famille et les facilités qui pourraient être données à la famille des relégués pour les rejoindre, nous n'avons pas à entrer dans le détail de ces mesures qui sont du domaine exclusif de l'administration ; nous ne pouvons que souhaiter de la voir interpréter sur tous ces points la loi dans le sens le plus large et le plus humain, qui est en même temps, au point de vue de la colonisation, le plus pratique. Une explication est cependant nécessaire sur le paragraphe dans lequel la loi s'en remet au réglement d'administration publique du soin de régler « l'éten lue des droits de l'époux survivant, des héritiers ou des tiers intéressés sur les terrains concédé. » Ce paragraphe a donné lieu au sénat dans la séance du 12 février 1885, à une question de M. Clément à laquelle il n'a pas été suffisamment répondu. M. Clément faisait observer qu'il n'est pas normal de faire régler par décret tout un régime de biens ; les biens du relégué, disait-il, peuvent être de trois sortes : ceux qu'il avait avant sa condamnation, ceux qu'il a pu acquérir de ses deniers dans la colonie, ceux que le Gouvernement lui a concédés gracieusement. Le relégué n'étant pas interdit légalement, les premiers continueront à être régis par les lois civiles de France, les seconds le seront par les lois de la colonie, les troisièmes par un décret nouveau : n'est-ce pas une situation bien confuse et qui mériterait au moins d'être réglée par la loi elle-même ? Cette question procède d'une idée qui nous paraît juste, mais peut-être aurait-elle gagné à être formulée autrement et portée nettement sur le terrain de droit civil. Qu'entend-on par les droits de l'époux survivant, des héritiers et des tiers ?

Le Gouvernement peut bien mettre à une concession de terrains autant de conditions qu'il le veut, mais pourvu que ces conditions ne soient pas contraires à l'ordre public. L'État est un donateur ordinaire, et un donateur ne peut pas mettre comme condition à sa donation que la femme du donataire, par exemple, succédera aux biens donnés à l'exclusion des enfants : ce serait une clause contraire à l'ordre public parce qu'elle violerait l'ordre successoral, et, comme telle, radicalement nulle. Il est bien vrai que ce que l'État ne peut pas faire, la loi peut le faire ; que le Code civil n'est pas une loi constitutionnelle, que par conséquent toute loi peut déroger aux dispositions du Code civil ; mais encore faut-il que cette loi spécifie les points sur lesquels elle entend y déroger ; on ne comprend guère une délégation du pouvoir législatif au pouvoir exécutif, lorsqu'il s'agit de modifier le Code civil dans l'espèce, s'il s'agit d'autoriser le gouvernement à modifier l'ordre successoral ou d'autres dispositions d'ordre public, le paragraphe en question est d'une rédaction trop vague et absolument insuffisante. Il semble bien, d'après la réponse faite à M. Clément par M. le sous-secrétaire d'Etat à l'intérieur, que tel est le but du paragraphe. « Qu'y a-t-il donc d'injuste, disait-il, de contraire aux principes, à régler, quant aux biens concédés, le mode d'après lequel ces biens seront transmis et les conditions auxquelles ils seront assujettis ? » Il n'y a, à coup sûr, rien d'injuste ; nous sommes assurés d'avance que si le décret d'administration publique modifie le droit commun des transmissions héréditaires, ce ne pourra être que dans l'intérêt bien entendu du relégué et de l'avenir de la colonisation ; mais, quant aux principes, nous craignons qu'ils soient, sinon méconnus, du moins un peu compromis par la rédaction de l'article 18. Au surplus, il suffit de signaler ce point sans insister autrement sur des difficultés purement civiles, dont nous pouvons prévoir l'origine, mais nullement les termes.

La seconde disposition, qui montre bien que la loi entend être moralisatrice et prévoit le relèvement du condamné, est celle de l'article 17 qui autorise le Gouvernement à accorder aux relégués l'exercice, sur les territoires de relégation, de tout ou partie des droits civils dont ils auraient été privés par l'effet des condamnations encourues. Cet article est inspiré par l'article 12 de la loi de 1854, qui permettait au Gouvernement de relever dans la colonie le condamné aux travaux forcés à temps de l'interdiction légale et de l'interdiction de disposer de ses biens. Mais il ne faudrait pas croire que l'article 17 suppose, comme l'article 12 de la loi de 1854, que le relégué est en état d'interdiction légale ; nous avons vu que la commission et le Gouvernement se sont expliqués d'une manière très nette sur ce point, et que les relégués étant des libérés, c'est-à-dire des hommes ayant fini leur peine, ne sont en aucun cas soumis à l'interdiction légale, soit qu'ils n'y aient jamais été soumis, soit qu'elle ait pris fin avec la peine principale qui la motivait.

L'application de l'article 17 ne sera donc pas aussi fréquente que celle de la loi de 1854 ; il n'aura guère pour effet que d'exonérer le condamné de celles des peines de l'article 42 du Code pénal qui ont le caractère de privation de droits civils. Quant à la surveillance de la haute police transformée en interdiction de résidence, théoriquement l'article 17 s'y applique aussi, car elle constitue la privation du droit de se choisir un domicile ; mais pratiquement il est peu probable qu'à propos d'une peine subie en France, l'administration ait interdit au condamné certains lieux situés aux colonies. Le cas pourra pourtant se présenter pour ceux des relégués dont la relégation aura été prononcée précisément dans la colonie où ils seront internés (ou soit en effet que la loi est applicable à l'Algérie et aux colonies). Dans ce cas, et si ce lieu était compris dans le territoire de relégation, ou s'il s'agissait d'un relégué individuellement, le Gouvernement devrait ou pourrait user de la faveur accordée par l'article 17. Il ne faudrait pas conclure des termes de cet article qui parle de droits dont le condamné aurait été privé par l'*effet* des condamnations, qu'il s'agit de peines résultant légalement de ces condamnations ; il faut entendre ces mots en ce sens qu'ils visent toute privation de droits civils résultant des condamnations encourues, alors même que, comme pour les peines de l'article 42, cette déchéance a été prononcée à titre de peine par le tribunal qui aurait pu ne pas la prononcer ; autrement l'article 17 ne trouverait guère d'application possible.

Conformément au texte de l'article 17, le droit du Gouvernement est limité au territoire de relégation ; il ne lui appartient pas (sauf le cas de grâce qui appartient toujours au chef de l'Etat personnellement, mais non au gouvernement) de rendre au condamné l'exercice de ses droits civils ailleurs que sur le territoire de relégation ; ainsi le relégué, privé par ses condamnations de certains droits civils et relevé de cette déchéance dans la colonie, retombe sous l'empire de cette condamnation pendant tout le temps qu'il passe hors de la colonie, s'il a obtenu, en vertu de l'article 13, l'autorisation d'en sortir temporairement.

28. Situation militaire du relégué (art. 7). — On s'est préoccupé, avec beaucoup de raison, de la situation militaire des relégués. La loi sur le recrutement, en effet, n'exclut de l'armée que les individus ayant subi une condamnation supérieure à 2 ans de prison, et encore, si la peine de la surveillance a été en outre prononcée : or un très grand nombre de relégués n'auront pas subi de peine de 2 ans et par conséquent devraient appartenir à l'armée. L'article 7, inséré à la demande très judicieuse de M. le général Robert, prévoit ce cas. Il ne peut évidemment être question de faire revenir le relégué en France pour y accomplir ses périodes d'instruction ; d'autre part, il serait inique de le dispenser d'un service dû par tous les citoyens ; il est donc nécessaire de réglementer spécialement la situation militaire des relégués, et avant tout de porter le principe que la relégation ne dispense d'aucune des obligations imposées par les lois de recrutement ; c'est ce principe qui est contenu dans l'article 7 ; le réglement d'administration publique est chargé de déterminer dans quelles conditions seront accomplies ces obligations. La limite fixée au droit du pouvoir exécutif résulte uniquement des lois militaires ; il est évident que le décret à intervenir ne pourra pas allonger d'un seul jour la durée du service pour les relégués, ni les soumettre, lorsqu'ils seront sous les drapeaux, à une discipline autre que celle de l'armée ; mais il peut déterminer le lieu où s'accomplira le service, la façon dont ils seront encadrés, etc.

29. Ministère compétent (art. 22). — La loi n'a rien changé aux attributions des différents ministères en matière pénale ; c'est, comme on le sait, du ministère de l'intérieur que dépendent les condamnés qui subissent leur peine en France, et du ministère de la marine que dépendent ceux qui la subissent aux colonies. Ce système étant également mauvais en France et aux colonies, il n'y a pas lieu de déplorer trop vivement la suppression de l'article du projet de loi qui rattachait au ministère de l'intérieur les services de la relégation ; on sait assez que tous les esprits au courant de la science pénitentiaire et soucieux de la bonne exécution des peines ne cessent de protester contre l'attribution au département de l'intérieur d'un service qui est une dépendance naturelle et logique de celui de la justice, sans avoir l'espérance de triompher jamais ; on sait que cette attribution entraîne dans la pratique des conflits perpétuels et insolubles. Il est donc bien indifférent que les conflits se perpétuent entre tels ou tels ministères, puisqu'il n'y a à cette situation qu'un remède, et qu'on est décidé à ne pas l'employer.

30. Epoque de la mise en vigueur de la loi (art. 21). — L'article 21 contient une disposition insolite, mais qui était nécessitée par les circonstances. La loi, dit-il, ne sera exécutoire qu'à partir de la promulgation du réglement d'administration publique, qui doit lui-même, aux termes de l'article 18, être promulgué 6 mois au plus tard après la promulgation de la loi. Ainsi la loi ayant été promulguée le 28 mai 1885, deviendra exécutoire au plus tard le 28 novembre 1885. Il fallait, en effet, éviter que des individus fussent condamnés à la relégation dès le 28 mai 1885 avec des peines pouvant être inférieures à 3 mois de prison, alors que rien n'était préparé en vue de l'exécution de la loi et que la préparation indispensable pouvait exiger 6 mois ; on aurait été obligé de garder beaucoup trop longtemps ces individus dans des pénitenciers qui ne sont pas organisés pour cela, et d'ailleurs c'eût été une aggravation de peine trop considérable. On a donc dérogé au principe qui veut que les lois soient rendues exécutoires par leur promulgation. Mais y a-t-on dérogé d'une manière complète ? Ne faut-il pas dire que, si pour la relégation elle-même et pour les mesures qui doivent l'assurer, la loi n'est exécutoire que le jour de la promulgation du réglement d'administration publique, il n'en doit pas être de même pour celles des dispositions de la loi qui sont indépendantes de la relégation, (car elle contient des dispositions de ce genre), et que pour celles-là, il n'y a aucun motif de déroger au principe général ? Ce qui pourrait autoriser ce raisonnement, c'est d'abord que l'article 19 prévoit lui-même un cas en vue duquel il décide que la loi sera exécutoire dès sa promulgation, c'est-à-dire à une époque où le réglement d'administration publique peut ne pas être encore promulgué et où, par conséquent, en ce qui concerne la relégation, la loi peut ne pas être encore exécutoire. En second lieu, une circulaire du garde des sceaux du 23 mai 1885 prescrit aux magistrats du parquet de dresser pour le mois suivant, la liste des individus qui seraient condamnés à la relégation si la loi était exécutoire, et de viser le paragraphe de l'article 4 par application duquel chacun d'eux serait condamné à la relégation ; cette circulaire donne un modèle de tableau dans lequel sont compris non-seulement les paragraphes 1, 2, 3 et 4 de l'article 4, mais même le paragraphe 4, 2ᵐᵉ alinéa (ou paragraphe 5), lequel s'applique, comme nous l'avons vu, à un délit créé par la loi et punissable par conséquent le jour seulement où la loi sera mise en vigueur. Faut-il en conclure qu'on suppose que dès sa promulgation la loi sera exécutoire sur ce point spécial et qu'un tribunal pourra prononcer dès le mois de juin 1885 les peines de l'article 270 contre le proxénète, bien qu'il ne puisse pas encore prononcer la relégation ? Bien que cette solution soit logique, elle aurait l'inconvénient grave de laisser à l'arbitraire du juge le soin de décider si telle ou telle disposition de la loi peut être isolée du reste et rendue exécutoire plutôt que le reste. Cela est inadmissible ; et quant à la circulaire du 23 mai 1885, elle s'explique très naturellement par ce fait qu'elle contient un modèle de tableau que les magistrats du parquet devront remplir aussi bien quand la loi sera exécutoire que dans le courant du mois de juin, et dès lors le paragraphe 4, 2me alinéa, de l'article 4 devait figurer dans ce tableau.

La question de savoir si la loi est applicable avant la promulgation du règlement d'administration publique dans toutes ses parties accessoires, a pris une importance nouvelle à la suite d'une seconde circulaire de M. le garde des sceaux, en date du 8 juin 1885. Cette circulaire vise spécialement la surveillance de la haute police, et tirant argument de l'article 19 § 2 qui dispose : « La peine de la surveillance de la haute police est supprimée », elle décide que les magistrats du parquet ne devront plus dès maintenant requérir de condamnations pour rupture de ban, ni demander aux tribunaux de prononcer la surveillance de la haute police, mais seulement l'interdiction de séjour. Les termes de cette circulaire portent d'ailleurs plus loin encore ; son deuxième alinéa est ainsi conçu : « Mais il n'en est ainsi » (c'est-à-dire la mise en vigueur de la loi n'est retardée) « qu'en ce qui concerne les dispositions *qui font l'objet principal* de la loi dont il s'agit. » Il en résulte que d'après l'interprétation donnée à la loi par M. le garde des sceaux, l'article 21 ne vise absolument que le but principal de la loi, la relégation, mais que toutes les autres dispositions restent régies par l'article 1 du Code civil, et sont par conséquent exécutoires dès la promulgation de la loi. Le tribunal de la Seine et la Cour d'appel de Grenoble (arrêt du 18 juin 1885) ont adopté l'opinion de M. le garde des sceaux. La Cour de Nîmes (arrêt du 11 juin) est d'avis contraire.

31. Transformation de la surveillance de la haute police et abrogation de la loi du 9 juillet 1852. — Mesures transitoires (art. 19). — Il nous reste à mentionner l'une des conséquences les plus importantes de la loi, la suppression, ou du moins la transformation de la surveillance de la haute police, et l'abrogation de la loi du 9 juillet 1852 sur l'interdiction de séjour par voie administrative. Cette disposition s'imposait d'elle-même, car le premier résultat de la loi sur les récidivistes doit être précisément de restreindre et même de supprimer le champ d'action de la surveillance de la haute police ; on avait seulement à prendre quelques mesures transitoires, afin de ne pas livrer la France aux déprédations des malfaiteurs qui ne seront pas tous relégués en même temps. En second lieu, malgré les atténuations apportées dans un sentiment d'humanité digne de tous les éloges par la loi de 1874, la surveillance de la haute police était restée, il faut en convenir, une peine cruelle et que l'intérêt social ne suffisait pas à justifier. Le législateur a été heureux de saisir la première occasion qui s'offrait à lui de la faire disparaître. Le projet de la commission à la Chambre des députés supprimait purement et simplement l'interdiction de séjour et la surveillance de la haute police. MM. Rodat et Léon Renault firent adopter, d'accord d'ailleurs avec la commission et le gouvernement, un amendement aux termes duquel la surveillance de la haute police conservait l'effet d'entraîner pour le condamné l'interdiction du séjour et de l'accès du département de la Seine ; ce texte répondait ainsi à l'idée de ne pas laisser du jour au lendemain, par l'effet de la mise en vigueur de la loi, tous les repris de justice de France envahir Paris. La commission du Sénat, allant plus loin, demanda au Sénat d'insérer dans la loi l'interdiction d'accès et de séjour non pas seulement du département de la Seine, mais de tout endroit désigné par le Gouvernement au condamné lors de sa sortie de prison. « Nous n'avons pas voulu désarmer absolument la société, écrivait le rapporteur, et nous avons pensé que nous aurions assez fait en supprimant les formalités policières, l'assignation de résidence, qui sont la conséquence actuelle de la surveillance de la haute police, mais qu'il fallait conserver à l'administration le droit d'interdire au condamné contre lequel la loi prononce cette peine, l'accès des lieux où pour des motifs d'ordre public, sa présence constituerait un danger. »

La peine de la surveillance de la haute police trouva au Sénat un défenseur en M. Bérenger, qui fit ressortir avec raison, mais en les exagérant peut-être un peu, les bienfaits de la loi de 1874. Le condamné, dit-il, choisit lui-même sa résidence et « si par hasard il n'y trouve pas le travail sur lequel il avait compté, il a le droit de changer de résidence et pour exercer ce droit, il n'a qu'un acte bien simple à accomplir, il n'a qu'à faire une déclaration au maire. » Cette affirmation n'est pas absolument exacte, en ce sens que le condamné doit, même aux termes de la loi de 1874, rester 6 mois à sa résidence avant d'avoir le droit d'en changer ; pendant ces 6 mois, il ne peut se déplacer qu'en obtenant du préfet ou du ministre une autorisation qui est un acte de pure faveur et non un droit, en sorte que si, dès le premier jour, le condamné sortant de prison, souvent sans ressources, ne trouve pas de travail, il est placé, même sous le régime de la loi de 1874, dans l'alternative déplorable de la faim ou du crime. Aussi l'honorable M. Bérenger, dans la séance du 12 février 1885, après avoir justifié, au moins quant à l'intention, la loi de 1874, se plaça de suite sur un terrain plus solide en reprenant comme amendement le texte voté par la Chambre et en faisant très vivement ressortir qu'entre les mains d'un gouvernement arbitraire, le texte de la commission pouvait devenir encore bien plus dangereux que l'ancienne surveillance de la haute police. En effet, aucune limite n'est posée ; le Gouvernement est donc libre d'interdire au condamné l'accès et le séjour de tous les départements, moins un ; dans ce département, il peut interdire toutes les communes, moins une, en sorte qu'il a absolument le droit, en violant manifestement l'esprit de la loi, mais en respectant scrupuleusement son texte, d'assigner au condamné une résidence fixe dont celui-ci ne pourra pas s'écarter. Le remède eût été de remettre entre les mains du pouvoir judiciaire les intérêts de la société et du condamné, cela rentrait dans sa mission naturelle et faisait disparaître toute difficulté. Néanmoins le texte de la commission fut voté ; c'est un acte de confiance qui engage non-seulement le gouvernement qui a fait voter la loi, mais tous les gouvernements ; s'ils sont des serviteurs respectueux de la loi, ils se borneront à interdire aux condamnés dangereux l'accès et le séjour de Paris, et exceptionnellement, de quelques autres villes.

Désormais donc, la surveillance de la haute police n'aura d'autre effet, comme le dit le texte de l'article 79, que de permettre au gouvernement d'interdire au condamné de paraître en certains lieux qu'il désignera ; cette désignation devra être faite au condamné avant sa libération. S'agissant d'une loi pénale, il faut prendre ces mots à la lettre et dire que la désignation qui serait faite une seule minute après que le libéré a mis le pied hors de la prison serait nulle, et que le condamné qui n'en tiendrait aucun compte ne saurait être poursuivi pour rupture de ban. Toutes les autres dispositions relatives à la surveillance de la haute police, c'est-à-dire les cas dans lesquels elle peut ou doit être prononcée, restent entières ; il n'y a absolument que le mode d'exécution et le nom de la peine qui soient changés. La question de nom n'a pas grande importance, et il est probable que dans la pratique on continuera à désigner la nouvelle peine par le terme de surveillance de la haute police ; légalement pourtant il faudrait lui en substituer un autre, car l'article 19 § 2 porte que la peine de la surveillance de la haute police est supprimée.

La loi s'est préoccupée également, à titre de mesure transitoire, de tous les condamnés se trouvant sous la surveillance de la haute police au moment de la mise en vigueur de la loi ; pour eux, il s'agit de transformer cette peine en interdiction de séjour, et par conséquent de leur indiquer quels sont les lieux où ils ne doivent pas paraître ; la loi donne à cet effet un délai de trois mois au gouvernement après la promulgation de la loi, c'est-à-dire jusqu'au 28 octobre 1885. Ceux des condamnés qui n'auraient pas reçu de notification à cette date seront irrévocablement libérés de la surveillance. Pour tous ceux qui sont en fait soumis à la peine, la notification sera très facile à faire ; mais il ne faut pas oublier qu'un très grand nombre de condamnés à la surveillance ne paraissent pas à leur résidence ou la quittent sans accomplir les formalités de l'article 44, C. P., et parcourent le pays souvent pendant plusieurs mois avant d'être arrêtés. Il faut donc de toute nécessité admettre, pour les individus actuellement en rupture de ban, que le Gouvernement doit, s'il veut qu'ils ne bénéficient pas du délai de rigueur expirant le 28 août, leur faire la notification prescrite par l'article 19 au parquet du Procureur de la République de l'arrondissement où ils ont leur résidence obligée. Faute de l'accomplissement de cette formalité, il est hors de doute que ces individus ne pourront pas être poursuivis pour rupture de ban.

En ce qui concerne, au contraire, l'interdiction de séjour par voie administrative, nous ne trouvons dans la loi aucune disposition de ce genre, ce qui est logique, parce que la loi du 9 juillet 1852 est, non pas remplacée par une autre, comme la loi du 23 janvier 1874, mais bien abrogée pure-

ment et simplement. Il en résulte que pour tous les individus soumis actuelle-
lement à des arrêtés d'éloignement, la peine cesse de plein droit, sans être
remplacée par aucune autre, du jour même où la loi devient exécutoire.
Mais la question qui s'est déjà posée pour l'article 4 § 5, se pose également
ici : faut-il décider qu'en ce qui concerne l'abrogation de la loi du 9 juillet 1852, la loi du 27 mai 1885 est exécutoire dès sa promulgation, ou bien
seulement, conformément à l'article 21, lors de la promulgation du décret
qui doit intervenir au plus tard le 28 novembre 1885 ? En d'autres termes,
si un individu, soumis à un arrêté d'éloignement de Paris ou de Lyon, est
arrêté dans ces villes, les tribunaux peuvent-ils actuellement lui infliger
une peine ? Nous admettons l'affirmative par les raisons indiquées plus
haut à propos de l'article 4 § 5.

Nous avons terminé l'examen de cette loi dont on a dit tant de mal ; on a
pu voir qu'elle ne contient, au point de vue juridique, que peu d'imper-
fections. Si on veut la juger au point de vue moral, sans parti pris, on
reconnaîtra que si elle n'ordonne pas toutes les mesures qui pourraient
faire de la relégation une peine excellente, du moins son texte les permet,
et son esprit les appelle. Il est difficile qu'une loi pénale règle d'une façon
très précise tous les détails d'exécution : dans les pays encore barbares où
les châtiments corporels sont en honneur, la loi peut-elle dire avec quelle
force ils seront appliqués ? Et cependant de là peut dépendre qu'une peine
légère devienne grave ou mortelle. De même il dépend ici de l'administration que la relégation soit, comme l'ont dit ses détracteurs passionnés,
une peine injuste, inutile et ruineuse, ou, comme l'ont voulu ses auteurs,
une peine équitable, féconde et pratique.

Une responsabilité très lourde pèse donc sur ceux qui auront la mission
de l'organiser ; nous sommes persuadés qu'ils la comprennent, et qu'il sau-
ront se dégager du parti pris comme de la routine. Quant au législateur,
s'il est entré avec la loi du 27 mai 1885 dans la voie des réformes sociales,
il faut reconnaître que sa tâche ne fait que commencer. Au point de
vue de la répression, les longues peines d'emprisonnement deviennent inutiles : la réforme du Code pénal s'impose donc. Si l'emprisonnement devient court, il faut qu'il soit un châtiment véritablement afflictif et moralisateur : le système cellulaire, réclamé depuis longtemps à ce titre, ne doit
plus rencontrer d'adversaires. Enfin, dans un ordre d'idées encore plus
élevé, les lois sur la protection de l'enfance et sur les moyens de prévenir
la récidive forment avec la loi sur la relégation, un ensemble dont aucune
partie ne peut être impunément négligée. Ces idées ont trouvé dans le Parlement d'éloquents défenseurs dont les noms sont un gage de succès ; qu'il
me soit permis de saluer parmi eux celui de M. Gerville-Réache et de lui
exprimer en terminant l'hommage de mon ancienne et sincère amitié !

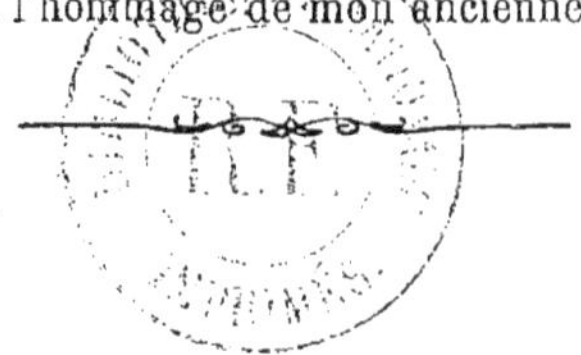

TABLE DES MATIÈRES

Imprimerie A. DERENNE, Paris, boulevard Saint-Michel, 52.
C. LEBAS, successeur.

www.ingramcontent.com/pod-product-compliance
Ingram Content Group UK Ltd.
Pitfield, Milton Keynes, MK11 3LW, UK
UKHW021203220726
13924UKWH00003B/1299